TALENTOCRACIA

EL PODER DE LA COLABORACIÓN EN LA ERA DIGITAL

TRABAJA TU
LIDERAZGO
INTERIOR

SALVADOR MOLINA — EDUARDO TOLEDO

KOLIMA BOOKS

Título original: *Talentocracia*

Primera edición: Mayo 2018
© 2018 Editorial Kolima, Madrid
www.editorialkolima.com

Autores: Salvador Molina y Eduardo Toledo
Dirección editorial: Marta Prieto Asirón
Maquetación de cubierta: Sergio Santos Palmero
Maquetación: Carolina Hernández Alarcón
Colaboradores: Judit Arís Moreno, Alba Marina Brezo Herrero

ISBN: 978-84-16994-84-7

PRÓLOGO

«**H**oy el mundo cambia. Y la manecilla del reloj viaja en un Fórmula 1. Cada año que pasa ahora, es como medio siglo de antaño. La revolución tecnológica significa cerrar imprentas, rotativas y distribuidoras de prensa. Pero también abre nuevos horizontes: 150.000 empleos generará 'la nube' en España gracias a esas tecnologías de la información soportada en servidores virtuales ('la nube'), no en cada ordenador personal. Y el mismo estudio pronostica 100 millones de empleos en China por el impacto de esta revolución de Internet que es 'la nube'».

Esta es una de las muchas reflexiones profundamente sugerentes que el lector va a encontrar en esta obra disruptiva que lleva por título *Talentocracia*.

Salvador Molina y Eduardo Toledo no se han andado por las ramas y lanzan mensajes penetrantes, provocativos y, en algunos pasajes, pendencieros. Todas esas características llevarán a que, quien los lea, no quede indiferente. Muchas páginas son hachazos que arrasan lugares comunes proponiendo modos revolucionarios de contemplar la realidad.

Como apuntara Romano Guardini, la vida personal y también la de cada generación se compone de diversas fases por las que, de alguna manera, acabamos transitando. Desde los balbuceos profesiones en los que cada quien aspira a mostrar al mundo –y quizá más a sí mismo–, que está capacitado para consecuciones que otros no alcanzaron. En esos primeros años, muchos se muestran abiertos a cualquier sacrificio, incluso a veces el de las amistades, la familia y el sentido común.

La transición hacia aguas más calmosas, donde los frutos puedan ser más sólidos, no alcanza a todos a la misma edad. Eduardo y Salvador escriben este libro cuando otros están plegando velas. En algunos casos, los años solo sirven para que algunos sean más ancianos cuando no meramente escépticos. Salvador y Eduardo en su edad ya no juvenil se han ido tornando sabios.

Muchas personas, a pesar de los desengaños que puedan acumularse en la mochila experiencial, son capaces de superar con ilusión periodos que convierten la existencia en meandros que parecen nunca incrementar su velocidad. El gran riesgo es la rutina: imponente enemigo de toda iniciativa y proyecto. Los autores de *Talentocracia* han roto con ella, e invitan a hacer lo mismo al lector, dejándose de garambainas.

Quienes envejecen bien son capaces de destilar sapiencia útil para que quienes se encuentran en los comienzos de sus carreras cuenten con más elementos para acertar. Como bien explicara Ignacio de Loyola, gran parte del éxito de una organización consiste en mezclar los bríos de la juventud con la sapiencia de los ancianos.

Aristóteles escribe en *Ética a Nicómaco* (LID) que la causa final –el sentido de nuestras acciones– ha de ser siempre lo primero en la intención y lo último en la consecución. Dicho de otro modo: para llegar a la cima resulta esencial señalar explícitamente cuál es e ir poniendo medios parar proceder por la trocha correcta evitando seleccionar otra que nos conduciría donde no queremos llegar.

Este punto es ampliamente abordado en *Talentocracia*. ¡Monumental es la capacidad pedagógica de los autores, para nada bigardos, en una cuestión no fácil de asimilar!

En esta civilización de la prisa, de la urgencia, de la inmediatez baladí, de redes sociales repletas de futilidad, cuando no de ignorancia o mala fe, es ventajoso posicionarse con distancia. Triste cosa sería que el día a día comiese horas sin cuento para encontrarnos, al cabo, con un epitafio del tipo: «Alcanzó los 30.000 seguidores en LinkedIn».

Lo contingente, lo prescindible se encuentra al acecho para impedir que nos centremos en lo esencial. ¿De dónde venimos?, ¿quiénes somos?, ¿adónde vamos? siguen siendo interrogantes primarios a los que dar respuesta. De no hacerlo de forma coherente y sólida corremos el riesgo de que otros nos vivan la vida y atraquemos en puertos indeseados. Salvador y Eduardo lo saben y espolean con insistencia a no dejarse engañar por los cantos de sirena de la era digital.

La tecnología que hoy invade nuestros hogares y permea nuestras vidas está implicando cambios en nuestros modos de hacer y decidir. Pero no olvidemos que el ser humano es básicamente el mismo desde hace milenios. No quedemos obnubilados por mutaciones epidérmicas y dediquemos tiempo a la antropología. *Talentocracia* ha sabido encontrar el punto medio entre dos extremos perversos: el anclaje en el pasado y la grotesca ingenuidad de que los avances científicos nos tornarán inmortales.

Leemos en *Talentocracia*: «la consultora Metra Martech calcula que los robots que están hoy en activo ya han ayudado a crear no menos de ocho millones de empleos, a los que se sumarán un millón más en los próximos años. Eso sí, el modelo educativo debería acelerar también su transformación hacia carreras STEM (*Science, Technology, Engineering, Mathematics*): Ciencias, Tecnología, Ingeniería y Matemáticas. El futuro es tecnológico y los nuevos empleados son y serán robots».

¡Los robots siempre precisarán de personas que programen! El principio aristotélico es muy claro al respecto: lo más no sale de lo menos.

Cuando recibí la invitación a escribir este prólogo me hallaba inmerso –como es habitual– en la lectura de varios libros en paralelo. Entre ellos, una obra maestra del siglo XVII que lleva por título *Accorgimenti per curare le malattie dell' anima*. El autor es Claudio Acquaviva, quinto prepósito de la Compañía de Jesús.

Se me han escapado no pocas sonrisas al verificar que muchas referencias antropológicas de *Talentocracia* son semejantes a las sugerencias que Acquaviva proponía para desarrollar personas hace ¡cuatrocientos años!

El gran lema que puede ayudarnos en diferentes enclaves es que, si avanzamos en la dirección correcta, ¡lo mejor está siempre por llegar! Y este 2018, recién nacido todavía, es la mejor palestra para vivir de una manera sanamente consciente. Eduardo y Salvador han decidido contribuir entregando uno de esos libros que merece la pena disfrutar con tiempo, papel y bolígrafo, como ellos mismos refieren. Si de algo no se les puede acusar es de retrecheros. Enhorabuena a ambos, con agradecimiento por facilitarnos con magnificencia tanto conocimiento.

JAVIER FERNÁNDEZ AGUADO
Director de la Cátedra de *Management*
Fundación Bancaria la Caixa en IE Business School
www.javierfernandezaguado.com

GUÍA DE LECTURA:
EL RETO

Este no es un libro cualquiera. Toma ya tu lápiz y no tengas miedo de manchar las páginas de este ejemplar.

Hasta hoy, habrás conocido dos tipos de libros sobre liderazgo. Seguramente tengas en tu biblioteca varios de ellos. Unos vienen llenos de recetas, decálogos, guías de lo que hay que hacer y lo que hay que dejar de hacer, órdenes de lo que está bien y lo que está mal. Esos libros proféticos suelen estar redactados por grandes conferenciantes que van hilvanando *bestsellers* con conferencias por todo el mundo. Se trata de telepredicadores redentoristas que anuncian un nuevo Mesías que llegará gracias a la lectura de sus libros, la escucha de sus conferencias y el aprendizaje de sus recetas. Son lo que en lenguaje castizo se llaman «vendebiblias», que no aportan más que el valor de un lenguaje directo y unos conocimientos livianos llenos de tópicos cuyo único objetivo es hacer más grande a su autor.

En el extremo contrario, también abundan los libros sesudos escritos por prestigiosos profesores de prestigiosas universidades o escuelas de negocios. Se trata de brillantes obras amparadas en un informe, una estadística, un estudio analítico o una compleja tesis doctoral revestida de citas y doctrina. Son obras escritas para la investigación, para el reconocimiento académico, para el aplauso general y para engordar el imponente currículo de sus autores, aunque quizá el lenguaje y su utilidad práctica resulten algo lejanos para el común de los mortales.

El libro que tienes entre tus manos quiere alejarse de ambos extremos para proponerte una lectura inspiracional en la que queremos que encuentres tus propios matices, tus propios ingredientes, ideas que te sean útiles, a ti y solo a ti. No queremos imponer lo que tienes y lo que no tienes que hacer, sino contarte al oído cosas que a muchos les han inspirado un cambio interior y exterior en su forma de dirigir equipos y organizaciones. Queremos mostrarte conocimientos prácticos para que tú mismo diseñes tu propio itinerario, tu propio modelo, trucos que te sean útiles, ideas-fuerza que te hagan movilizarte, imágenes que te resulten inspiradoras y ayudarte a reflexionar para que seas tú el único autor de tu biografía. Queremos susurrarte al oído pensamientos, imágenes e historias que podrían hacerte crecer por dentro y así también crecer por fuera, para que los que te rodean sean conscientes del líder que llevas dentro.

Por eso dejamos al final de este ejemplar unas páginas en blanco para que tú escribas tu propio e íntimo libro de liderazgo. Nosotros componemos la música, tú tienes que escribir la letra.

En un mundo en transición como el que vivimos, donde no hay verdades inmutables y el futuro está aún por descubrir, no tiene sentido crear nuevos dogmas. Se equivoca quien te insinúe que encontró la piedra filosofal del liderazgo o que para triunfar solo existe un camino. En un mundo global y local, universal y atomizado, de multinacionales y *freelance*, donde las redes de inteligencia colectiva se imponen muchas veces al *establishment*… ¿quién puede hablar de un método único, de un modelo único, de un pensamiento único, de una única receta?

La *talentocracia* es el nuevo liderazgo que se construye con ciertos ingredientes que te iremos presentando a lo largo de la lectura reposada de las siguientes páginas.

Pero serás tú, como auténtico biógrafo de tu destino, quien elija las mejores materias primas y condimentos para diseñar el modelo de líder que quieres ser. Elabora tu propia combinación y formula tu modelo de éxito de acuerdo con las nuevas reglas que integran la llamada «nueva economía», una sociedad nueva que aún gestiona de manera mestiza organizaciones, empresas, productos, estrategias y recursos con una doble concepción, de empresas viejas y empresas que, siendo hoy nuevas, pronto dejarán también de serlo.

Lo importante es conocer que el tren está en movimiento. No importa tanto conocer las estaciones de destino a las que nos lleva la actual revolución tecnológica, social, de conocimientos y relaciones sociales. Nadie sabe las profesiones que estudiarán nuestros hijos, por la sencilla razón de que aún no se han inventado.

Tampoco somos capaces de imaginar cómo serán las organizaciones de las próximas décadas. Pero lo que todos sabemos es que el tren se mueve y debemos estar atentos al movimiento, anticipándonos al cambio, dispuestos a dejar nuestra zona de confort porque los nuevos líderes serpentean a diario sobre las olas en sus tablas de surf. Es una cuestión de actitud. ¡*Perpetuun mobile*!

Querido lector, construye con los ingredientes que aquí te presentamos tu propio paradigma del nuevo líder que debes ser. Eso sí, no olvides que el líder que llevas dentro debe situar a las personas y a su talento como eje central de su nueva visión.

El mundo fue, es y será de las personas. ¡Es la *talentocracia*! Es el nuevo humanismo del siglo XXI. Nunca fue más tecnológico. Nunca fue más antropológico.

El futuro es de las personas. El presente se construye desde la tecnología.

La nueva sociedad tiene ya sus nuevas reglas.

Lee y apréndelas. Luego, reinvéntate.

Esto no es un libro de gurús, es un cuaderno de campo. Reconoce el terreno, apunta nuevas especies, dibuja y anticipa, esculpe frases lapidarias que hagan resonar por dentro tu espíritu y sé observador curioso del cambio. ¡Sé tu propio mentor!

Ese es el reto: subraya las frases que te iluminen, dobla y marca las páginas que quieras releer, arranca las que no te sirvan, toma notas en el bloc del final del libro, recrea tus propias ideas, construye aquel líder que quieres ser… y, al final del camino, el viaje habrá merecido la pena. *¡Palabra de Men in Black!*

Los autores

INTRODUCCIÓN

TALENTOCRACIA, UN NUEVO LIDERAZGO

EL ORIGEN

Y se reunieron en torno a ese nuevo invento: el fuego. Formaron un círculo en su derredor. Y vieron que el fuego era bueno. La lumbre permitía calentar sus cuerpos. Y esa hoguera daba luz y generaba un círculo amplio de visibilidad dentro de la cueva. El día se configuraba por momentos dentro de la oscuridad en la que habían vivido hasta entonces.

Alguien acercó un trozo de caza para verlo a la luz chisporroteante. Y la carne quebró su semblante con el calor, pero el aroma era bueno. Probaron la carne tostada por aquel nuevo invento y supieron que había placer en aquel sabor distinto. Y juntos, sentados, compartieron su primera cena en comunión. Aquel círculo se cerraba en torno a la fogata improvisada por primera vez.

Una imagen que permitía visibilizar lo que llevaban ya meses haciendo: vivir en comunidad, cazar juntos, distribuir tareas y aceptar a un líder que organizaba la tribu. ¡Sí!, eran una tribu, una entidad con personalidad propia y distinta a la de otros grupos humanos. Ahora tenían aquel fuego, su luz, comida cocinada, útiles y herramientas, experiencias comunes que compartir, una historia, una artesanía y, por qué no, una cultura tribal colectiva. ¡Eran más fuertes! ¡La unión hace la fuerza!

El círculo representa la inteligencia compartida. La aportación de cada miembro del círculo hace más poderoso a cada uno de sus integrantes. Es eso del incremento exponencial que aportan las mentes compartiendo. Siempre hay un líder de la manada, por supuesto. Como también suele haber un director de orquesta para que suene armónica la suma de instrumentos. Todos los músicos tienen un talento individual que merece reconocimiento, pero el talento unido en mestizaje musical genera una melodía que alcanza la excelencia.

El director de orquesta no es más que ninguno de sus músicos. Más aún, cada músico puede poner música a cualquier reunión con su instrumento; pero el director no puede hacerlo solo porque mueva su batuta ante un círculo vacío de músicos. ¿Quién es más poderoso: el músico con su herramienta o el director de orquesta en su desnudez?

La inteligencia colectiva de una orquesta o de una tribu necesita de un líder que la potencie, organice y dirija. Sin embargo, con no poca frecuencia hay directores de orquesta a los que se les va la cabeza pensando que son ellos los imprescindibles, los talentosos y los que tienen la batuta para el ordeno y mando.

Es el momento para la pausa y la reflexión: Quiénes somos nosotros y quiénes queremos ser.

¿Somos aquel director de orquesta dispuesto a sacar lo mejor de los músicos que dirige o, por el contrario, nos hemos convertido en el celoso divo que exige el aplauso del público, el reconocimiento de sus músicos y la gloria eterna por su supremacía en el talento humano?

Recordemos que no hace mucho éramos un habitante desnudo de las cavernas. Recordemos que un director de orquesta no suena (ni bien, ni mal) sin la contribución de la suma de talentos de sus instrumentistas. Asumamos que el líder del siglo XXI no es, nada más y nada menos, que aquel hábil albañil capaz de construir un muro compuesto por el talento individual de las personas que conforman su organización.

El líder no es más que un agricultor que siembra semillas, cultiva las plantas, riega con formación y estímulos para que finalmente se puedan recolectar buenas cosechas.

LA PERSONA

El hombre, ese ser gregario por conveniencia propia al que Ortega y Gasset definió como animal social. El hombre es colectivo porque sabe desde la Prehistoria que para sobrevivir en un mundo hostil es necesario sumar músculo e inteligencia. Como decía el eslogan de la Comunidad de Madrid, somos «la suma de todos».

El factor social permite al hombre ascender a un rango exponencial en sus capacidades. Cuando el lobo se une en manada se convierte en letal. De igual manera, aquellos cavernícolas que fueron a cazar en tribu comprendieron que la supervivencia era posible y que podían unirse para el ataque y la defensa, para la recolección y la artesanía de herramientas, para la procreación y la invención.

La tribu lo era todo. El desterrado del clan se convertía en la presa fácil de las bestias que acechan en la inquietante naturaleza voraz que se rige por la regla del más fuerte, por aquello de que el pez grande se come al chico.

El ecosistema exige un permanente estado de alerta. Solo la manada permite tener 360 grados de vigilancia. El hombre lo sabe desde la más tierna infancia de la Humanidad. Por ello, lo más natural en el ser humano es ser social. La sostenibilidad de cualquier organización nace de los vínculos fuertes entre sus miembros. Y este afán social de los humanos no es generosidad, sino egoísmo, sentido de supervivencia y necesidad.

El hombre es el único ser vivo incompleto. La desnudez es una condición humana. No existen animales o plantas que pudiéramos calificar de desnudas. La madre naturaleza les dota de todo lo que necesitan para sobrevivir en su ecosistema natural.

Están completos. Pueden defenderse del clima, del frío y del calor, de los enemigos.

El talento es la cualidad humana que permite superar su desnudez. La inteligencia es una capacidad exclusiva nuestra. Gracias al talento que alcanzamos por nuestra inteligencia racional y emocional nos hacemos capaces de superar las barreras hostiles de la naturaleza, la sociedad y de cualquier entorno.

Y cuando la inteligencia se hace social, colectiva, encontramos una herramienta poderosa para que nuestra organización progrese. Esta es la magia del ser humano. A través de la gestión del talento, un líder es capaz de conformar una organización poderosa capaz de sobrevivir, crecer, progresar, innovar, crear, avanzar y aspirar a la inmortalidad. Y la clave de ese liderazgo basado en el talento es la inteligencia colectiva.

PRIMER ACTO

LA TRANSFORMACIÓN LLEGA CON LA TECNOLOGÍA...

EL «EGOSISTEMA» DIGITAL

Llamó a la puerta sin ser convocada. No estábamos preparados para recibirla. ¡Nos pilló en pijama! Pero allí estaba ella en todo su esplendor. Nos pusieron la alfombra roja de las redes sociales y… ¡ya está! Nos lanzamos al *postureo*, la improvisación, la superabundancia, la verborrea, la redifusión de mensajes ocurrentes, el me gusta, la diferenciación hasta cuotas absurdas… Fuimos abducidos por el ecosistema digital de los *blogs*, el Facebook, los *tuits*, el LinkedIn para cazatalentos y el WhatsApp que todo lo alcanza.

Vivimos pegados a una pantalla (o muchas). Construimos la realidad paralela de lo que llamamos el «mundo digital». Pero, casi sin querer, el primer mundo se convirtió en el segundo, porque ya importa más cómo te ves en Internet que qué tal de mona estás en el espejo antes de salir de casa.

La generación *zombie* deambula por las calles y plazas de la ciudad sin levantar la vista de sus pantallas, tecleando en WhatsApp y releyendo Facebook. Pasamos al lado de generaciones obsoletas de abuelas que, con cara absorta, parecen sin oxígeno para respirar los nuevos tiempos digitales. Hasta los restaurantes se han hecho más silenciosos, porque llamamos al camarero pulsando un botón, pagamos la cuenta leyendo el código QR con el móvil y mantenemos conversaciones a distancia desde nuestro *smartphone*, sin prestar atención al resto de los comensales, que hacen exactamente lo mismo.

Yo me acuso. Confieso ser parte de la sociedad *zombie* que deambula en busca del reconocimiento social de las redes sociales, la comunicación sin voz y el silencio monacal del teclado con pantalla. Yo también fui humano un día. Hoy me confieso *zombie*.

No es un cambio tecnológico. Es una revolución sociológica que estudian las escuelas de negocios, las consultoras y los sociólogos. Creyeron que era cosa de los jóvenes *millenials* y de las nuevas Generaciones X y Z. Nos advirtieron contra los nativos digitales, esos que cambiaron el hacha y el taparrabos por un *smartphone* y el Snapchat. ¡Que vienen los indios!

¡Mentira! El virus es contagioso y poco a poco ha impregnado todo el cosmos: las tiendas son *zombies* automatizados, la tarjeta de embarque está robotizada, las pocas llamadas de voz las realizan *bots* para vendernos teléfonos y seguros dentales… y hasta varios robots humanoides me pidieron amistad por LinkedIn.

Pero la mentira se hace verdad cuando se democratiza. La mayoría, más allá de la barrera generacional, nos hemos contagiado del mal que asola nuestro tiempo: el «egosistema» digital. Nos ha abotargado, entontecido, simplificado binariamente, limitado en nuestro alcance global, distraído de la realidad circundante.

Miramos al infinito desde nuestros *smartphones* para no mirar miopes a lo más cercano, amigable y nuestro. Eres un *bit* del «egosistema» digital, ¡y lo sabes!

CÓMO TRIUNFAR FRENTE AL RETO DIGITAL

La solución siempre viene oculta en la pregunta. Es la regla de oro de los buenos estudiantes, pero también la de los investigadores de probeta y tubo de ensayo. Quien sabe preguntar, obtiene respuestas útiles.

Por ello, los que llevamos algunos años investigando, hablando y formando en transformación digital sabemos que el reto no es cuestión de algoritmos neperianos, porque la tecnología es una utilidad al servicio de una inteligencia comprensiva del auténtico cambio que está experimentando la economía y la sociedad en su conjunto. La llamada «cultura digital», no solo cambia el marketing o la logística, sino que el principal cambio llega desde las personas en forma de consumidores, usuarios o audiencias.

Esta visión del cambio es, por supuesto, la primera regla de oro para ponerse frente a la hoja en blanco de cualquier planificación transformadora de un modelo de negocio, empresa u organización. Lo que aquí se dice aplica lo mismo a un servicio de reparto que a una televisión pública, y les aseguro que entendemos de ambas cosas.

En los últimos años, la revolución tecnológica ha producido una globalización económica en el comercio, las marcas, los valores, los gustos, las empresas… No es posible entender la globalización sin Internet. Es la herramienta fundamental del siglo XXI y posibilita que la innovación y el progreso continúen. Actualmente, el porcentaje de usuarios de Internet alcanza al 46% de la población mundial, según *We are social*, pero hace treinta años no existía y no somos capaces ni de imaginar cómo será el nuevo mundo conectado y global dentro de treinta años. Por ello, cualquier cosa que se conciba no puede tener fronteras mentales o de mercados.

El nuevo mundo está hiperconectado. Nuestro gran hermano nos vigila, atiende y presta servicio desde Internet, las redes sociales, el *ecommerce*, la banca electrónica... ¡el *big data*! «*Los líderes empresariales deben operar en un nuevo mundo de cambio impredecible e hiperconectado. Los escenarios comerciales volátiles pueden brindar una ventaja competitiva para quienes pueden liderar e inspirar a sus equipos a través de esta incertidumbre*», recuerda Tracy Wolstencroft, CEO de Heidrick & Struggles.

La hiperconexión engendra realidades transformadoras muy diferentes que hay que sopesar. Apunto algunas para su reflexión:

- *Sociedad del conocimiento*: todos los datos compartidos en el gran *big data* llevan, por ejemplo, a que la publicidad *online* se gestione mediante la llamada publicidad programática: métodos de subasta instantáneos en función del perfil de usuario web detectado a nivel de la identificación de perfil de la IP del dispositivo usado.

- *Sociedad de la conversación*: la marca prefiere el consejo en redes sociales que un anuncio tradicional en televisión; de ahí la sobrevaloración del fenómeno *youtuber* y *bloguero*.

- *Sociedad del control*: centrales de alarma, alertas financieras y de información, bases de datos de mora, *credit bureau* positivo, perfil de riegos, límites de crédito, análisis de necesidades de reposición... La llamada «Internet de las cosas» conlleva la interconexión de dispositivos sin intervención humana y un permanente control de nuestra vida: desde geolocalización a ofertas por obsolescencia de coches, ITV, revisión técnica en hogar, etc.

Pero quizá el vector más revolucionario para los modelos económicos provenga de un gen de autodestrucción denominado eufemísticamente «economía colaborativa». Es la auténtica revolución en los hábitos de compra. El acto de adquisición de un producto o servicio cambia. No tiene una fórmula de transacción comercial basado en el dinero y la compra sino en el justiprecio y el trueque. Compartir es más barato, más social, más antimarca, más disruptivo.

Los valores socioculturales han mutado y con ello la sociedad de consumo evoluciona hacia una sociedad social del intercambio. Recicla y usa, comparte y ahorra, colabora y sé solidario.

Compartir ropa, coche, *parking*, piso, vacaciones, compras, etc. se vuelve tendencia. Reutilizar lo usado estaba mal visto por nuestros padres pero es lógico y necesario para nuestros hijos. Ya no hay chatarreros o traperos sino recicladores.

Y la última clave para entender el mundo que nos envuelve es la movilidad. El consumidor utiliza su *smartphone* veinticuatro horas al día. El móvil ya no es un teléfono, es el intercomunicador personal permanente para consumir, informar, dialogar, prestar servicios... Ahora todos los multidispositivos están interconectados y bajo control: reloj, PC, electrodomésticos, automóvil, etc. ¡El Internet de las cosas en versión unipersonal! Y cada vez más, con una simplificación de dispositivos: ropa inteligente, implantes de comunicación, pago por *contact less*, códigos RFID, pago por huella dactilar, cajeros por reconocimiento ocular, etc.

Todo cambia, solo el consumidor permanece. Pero tenemos que aprender a conocer al nuevo ciudadano del siglo XXI.

LOS SIETE TSUNAMIS DE LA REVOLUCIÓN DIGITAL

La forma de crear conocimientos, de transmitir información, de hacer negocios, de orientar la economía individual y colectiva… la llamada «revolución digital» ha provocado una reestructuración de los modelos organizativos de varios de los aspectos que rigen el día a día de las sociedades.

El rápido desarrollo de las tecnologías de la información, y la comunicación y la creciente e imparable innovación de los sistemas digitales han sido asimismo un gran apoyo para que estos cambios de paradigmas sean hoy una realidad inamovible que solo puede continuar avanzando.

Abarcar un cambio tan transversal puede resultar complicado, pero sí se pueden destacar determinados aspectos que han tenido una incidencia más que notable en la configuración de este nuevo modelo, ya conocido como la «cuarta revolución industrial».

Conciencia universal (globalidad real)

Hasta que irrumpieron en el mercado las nuevas tecnologías, la elección de una marca u otra se sustentaba sobre factores racionales como el precio, la calidad o el servicio. No obstante, ahora la mayoría de las empresas quieren que los consumidores también asocien su marca con valores positivos como la calidad o un cierto estatus social.

Este cambio de mentalidad ha dado lugar al *branding* corporativo, entendido como el proceso de construcción de una marca reconocible, con personalidad y que se recuerda por unos conceptos o ideas muy claras. En definitiva, la creación de marcas que todos reconozcan y asocien. Más que una identidad visual, con un logo corporativo, lo que se busca al construir una marca es dotarla de cierta personalidad. Sin duda el ejemplo más llamativo de *branding* corporativo es Coca-Cola. El 90% de las personas que beben refresco de cola se decantan por esta opción, llegando incluso a vincular casi en exclusiva su nombre al producto a pesar de existir más opciones en el mercado.

Pero, ¿cuáles son las claves para alcanzar el éxito en la estrategia de *branding*?

- *Naming*: un nombre adecuado facilita el recuerdo y la asociación a un determinado concepto
- *Identidad visual*: el logotipo, isotipo, pictograma, firma y todo lo que tenga que ver con la imagen gráfica de la empresa
- *Audiobranding*: cuando escuchas una música o sonido que nos recuerda a una marca
- *Tono de comunicación*: la manera en la que tu empresa se comunica con el mundo define un punto muy importante de su *branding* corporativo. Elegir el correcto puede suponer la diferencia entre el éxito y el fracaso
- *Marketing de contenidos*: el contenido que comparte una empresa define el recuerdo que se tiene de ella, sobre todo en Internet

La sociedad de la información

Es decir, aquella en la cual las tecnologías facilitan la creación, distribución y manipulación de la información y juegan un papel esencial en las actividades sociales, culturales y económicas.

Está estrechamente relacionada con la «huella digital», la marca que deja el uso y tratamiento de nuestra identidad en Internet. La huella digital da información sobre cómo nos comportamos, qué decimos, cómo, dónde y en qué nos basamos para hacerlo.

El conjunto de nuestro comportamiento en la Red conforma la huella digital y puede incluso influir en la búsqueda de empleo. Tanto es así que los profesionales en recursos humanos apuestan por los usuarios que presentan una mayor actividad en redes sociales. Hoy en día tener una huella digital positiva influye de forma evidente en la obtención de un trabajo y en la imagen que transmitimos a la empresa.

Pero tener una huella digital positiva no significa contar con varios perfiles personales en diferentes redes sociales. Muchas veces nos registramos en una red social que luego no utilizamos o que muestra una faceta demasiado personal y después olvidamos que está ahí. Toda esa información queda grabada y aparece asociada a nuestro nombre, por lo que uno de los primeros pasos que se deben seguir es revisar todas las redes y páginas en las que estamos registrados y borrar los perfiles inactivos.

Ecommerce

El comercio electrónico ha crecido de manera extraordinaria gracias a Internet. Una gran variedad de compras se realizan a través de la Red, estimulando la creación y la utilización de innovaciones como la transferencia de fondos electrónica, la administración de cadenas de suministro, el marketing en Internet, el procesamiento de transacciones en línea (OLTP), el intercambio electrónico de datos y los sistemas automatizados de recolección de datos.

La mayor parte del comercio electrónico consiste en la compra y venta de productos o servicios entre personas y empresas (contratación de seguros, compra de viajes, etc.) Sin embargo, un porcentaje considerable del *ecommerce* está vinculado a la adquisición de artículos virtuales (como el caso de suscripciones *premium* a webs o similares).

Sociedad de la conversación

Las redes sociales han revolucionado el mundo de los negocios, el mercadeo y las comunicaciones, lo que ha traído nuevas propuestas como el marketing viral. Ahora tenemos la posibilidad de agruparnos de forma voluntaria en comunidades seleccionadas por nosotros para compartir, comentar, desmentir o informar a una escala jamás conocida.

La revolución digital ha supuesto un antes y un después en el sector del marketing y la publicidad porque gracias a las redes sociales las marcas pueden escuchar al consumidor de una forma más certera y así generar acciones para involucrarse en la conversación.

Y más allá de la publicidad y el marketing corporativo, el propio usuario ha comenzado a ser objeto del desarrollo de una marca personal de la que en muchas ocasiones ni siquiera es consciente. A través del *personal branding*, la persona es considerada como una marca que, al igual que ocurre con las marcas comerciales, debe ser elaborada, transmitida y protegida con ánimo de diferenciarse y conseguir mayor éxito en las redes sociales.

Los beneficios que hoy en día tiene desarrollar tu propia marca personal son numerosos ya que hacerlo te permite especializarte y darte a conocer entre potenciales clientes o socios.

También te ofrecerá oportunidades nuevas relacionadas directamente o no con tu profesión y te facilitará encontrar el trabajo deseado.

Sin embargo, un *personal branding* llevado a cabo de una forma poco sistemática y sin una idea clara de cómo hacerlo, no tan solo no te será de mucha utilidad, sino que lo más seguro es que dañe la imagen que proyecta de ti.

Mundo en movilidad

El número de dispositivos conectados a Internet está creciendo exponencialmente. Para el 2020 se estima que sean más de 50.000 millones los dispositivos conectados a la Red, con un promedio de seis dispositivos por cada habitante del planeta, porque hoy en día se nos exige estar conectados veinticuatro horas al día.

El consumidor se ha vuelto más agnóstico respecto a las plataformas de distribución de contenido. Las personas consumen información usando diferentes pantallas (ordenadores personales, las *tablets* o los *smartphones*) y en el futuro con múltiples dispositivos a través de todos los objetos conectados entre sí y a través de Internet.

El mundo me acosa

El mundo interconectado se compone, no solo de ordenadores, teléfonos inteligentes y *tablets*, sino también de *Smart TV* y la gama de dispositivos que se agrupan dentro de la categoría de los *wearables* (por ejemplo, las pulseras electrónicas o las gafas inteligentes).

Ha comenzado la llamada era del «Internet de las cosas», es decir, la interconexión digital de objetos cotidianos por Internet a través de tarjetas SIM integradas en los dispositivos. Se trata de una transformación tecnológica que aporta un sinfín de beneficios y una gran cantidad de posibilidades relacionadas con la calidad de vida, el respeto al medio ambiente y el ahorro de energía.

Por las carreteras comienzan a circular vehículos autónomos. Nuestras casas incorporan, cada vez con mayor incidencia, soluciones domóticas. En definitiva, la tecnología está ya presente en nuestras tareas diarias de una forma sobresaliente.

Una nueva Humanidad

El aumento exponencial de toda clase de dispositivos móviles y, sobre todo, la creación en 1989 de la *World Wide Web*, inauguró una nueva era, la era de la información.

Este nuevo mundo mediado por pantallas está afectando a nuestra percepción de la realidad, cambiando nuestros procesos cognitivos y alterando radicalmente las relaciones sociales, afectivas, económicas y políticas. Además, todos estos cambios están ocurriendo tan rápido que apenas tenemos perspectiva ni margen para procesarlo.

Una de las consecuencias de la configuración de este nuevo entorno es el nacimiento de la Generación Z. Se trata de un colectivo que se caracteriza por ser autodidacta (el 33% genera nuevos conocimientos vía tutoriales en Internet), que ha crecido en un contexto incierto marcado por la crisis económica y que tiene una manera diferente de ver el mundo, asumiendo la diversidad social y los cambios de roles como algo natural.

Por otro lado, los integrantes de esta generación apuestan por la privacidad. Aplicaciones como Snapchat, Secret y Whisper son el perfecto ejemplo de esto, ya que han aprendido los riesgos e inconvenientes que implica compartir toda su información en Internet.

Atendiendo al plano laboral, los jóvenes de la Generación Z cuentan hoy con las herramientas necesarias para encontrar la manera de construir su propio mundo. En definitiva, han aprendido a salir adelante en un contexto complicado que les ha hecho más autosuficientes y creativos.

LA «UBERIZACIÓN» DE LA NUEVA PRENSA

Caperucita, ¡cómo ha cambiado el cuento! Ya no se trata –me dicen– de beber de la ubre de una empresa de prensa que amamanta a sus periodistas con fuentes de información, sueldos, gastos pagados e infraestructura de servicios. Eso era en el siglo XIX y en el siglo XX.

Los grandes conglomerados de medios de comunicación conviven ya con una nueva generación de medios digitales atomizados que no tienen su modelo en la ubre, sino en Uber, la empresa que proporciona a sus clientes una red de transporte privado a través de su aplicación móvil.

Uber vendió una idea disruptiva al mundo: constituían la gran plataforma de la economía colaborativa, hasta que Europa descubrió que era una empresa comercializadora más a la que se enganchaban otras pymes explotadoras de flotas de vehículos con conductor. Y así lo ratificó en vísperas de la Navidad de 2017 con una sentencia del Tribunal de Justicia de la Unión Europea con sede en Luxemburgo, que los define como empresa logística que debe ser regulada como una compañía de taxis. Ya en septiembre de 2015, el Estado de California obligó a Uber a reconocer a sus conductores como trabajadores con derechos laborales y poner fin así al mito libertario que creó como plataforma de autónomos, de hombres libres.

Volvamos a la «uberización» de los *mass media*. Me explico a través de tres ejemplos. El otro día estuve visitando un nuevo medio digital (¡ya no quieren llamarse confidenciales!) y me enseñaron una redacción bien nutrida de canas. Espeté con humor a mi amigo que allí sí que se veía el poder económico del medio:

sueldos sénior y buenos equipos informáticos con la manzana. Se rió con ganas mi amigo «el plumilla». Y tenía razón en hacerlo.

Su redacción es un ejemplo de esto que estamos hablando: autónomos unidos bajo una marca lanzando un medio de comunicación digital. Un ejemplo de lo que antes hubiéramos llamado cooperativa de prensa pero que hoy es un modelo de «uberización» porque realmente hay un empresario al que esos autónomos se han asociado al amparo de su nombre, su marca, sus medios técnicos y su tecnología. Pero su salario son colaboraciones que dependen del día, de la actualidad, de la suerte y de la inspiración de cada uno para poder monetizar más o menos su talento. ¡Trabajan a pieza publicada! (Perdonen por ello que sienta pudor en dar el nombre del medio).

Otro ejemplo me lo dio un periodista en la Universidad Complutense al término del VI Congreso ProCom de Periodismo Digital. Me dijo que me llamaría y me dio su tarjeta (aún no lo ha hecho). Me contó que había creado una plataforma *online* a la que denominaba «agencia de noticias» y donde cada periodista («plumilla» o gráfico) podía subir sus contenidos diariamente. Su objetivo era vender la plataforma a medios de comunicación, servicios de contenidos digitales, gabinetes de prensa y agencias de publicidad o relaciones públicas interesadas en dotarse de contenidos diferenciados.

En esta «agencia de noticias» podría disponer de todo lo necesario para sus medios. Cuantos más periodistas *freelance* subiendo contenidos, más volumen y facilidad para la venta del servicio. De nuevo, ¡«uberización» del periodismo!

Y, por último, el proyecto de un amigo. Está en la fase final y aún no se pueden desvelar detalles. Se trata de una plataforma ideada para *branded content* (contenidos patrocinados o contenidos de marca). Su orientación se dirige a crear información comparativa de productos. Cabe de todo, desde aparatos electrónicos a marcas de moda.

Busca especialistas en cada producto y les ofrece una plataforma de visibilización de sus contenidos para que las marcas paguen por estar referenciados en sus artículos de comparación. Para el DirMark o el DirCom de una marca, no se trata de venderles el que se hable bien de su nuevo bolso, automóvil más potente o *smartphone* de última generación, sino de cobrarles porque se hable de él, porque se tenga en cuenta y se le cite (con enlace, por supuesto).

Por tanto, una gran orientación del nuevo medio hacia lanzamientos, novedades, nuevos productos, nuevas demandas, usabilidad, etc. Y la magia de todo ello está en la estrategia SEO de los promotores para posicionar el buscador, el portal, los contenidos, etc.

¿Y para los «plumillas»? Para los «plumillas» o redactores está la promesa de exclusividad en su especialidad y un porcentaje de todo lo que se recaude por *branded content* entre las marcas que vayan entrando al trapo.

En resumen, tres nuevos medios digitales muy distintos en sus enfoques pero con un mismo modelo de negocio de prensa: ¡la «uberización»!

Seguro que pronto encontraremos nuevos ejemplos que contarles en soporte audiovisual porque las televisiones también están mudando de piel y buscan su propia «uberización».

TÚ ERES *DIRTECH*, ¡Y LO SABES!

Lo siento. Traemos una noticia que quizá no vaya a gustarte: tú también eres *DirTech*. ¡En la salud y en la enfermedad!

Muchos asocian la manida transformación digital a los *frikis* de la empresa. Los directivos del *iPhone* son los que saben de IT, TIC, Informática, Soporte, Innovación, *big data* … A ellos se sumaron en la última oleada los llamados CDO (*Chief Digital Officer*). ¿Estos son todos los *DirTech*?

Hay una mentira oculta en esta simplificación funcional, ya que «*la transformación viene desde la tecnología, pero se reinventa desde las personas*» (lema del congreso ECOFIN 2017). La gestión del cambio a la cultura digital es cosa de seres humanos y de la organización, aunque el instrumento sea el *big data*, la inteligencia artificial, la robótica, Internet o una *app*.

El principal *DirTech* en cada organización es su CEO, pero el término aplica también a los responsables de recursos humanos, formación y, muy especialmente, a los *DirCom* y los *DirMark*. La gestión de los intangibles (marca y cultura corporativa) y del talento (personas) depende más de estos directivos del Excel que de los directivos del *iPhone*.

La tecnología es hoy en día una disciplina transversal. Todos somos usuarios. Todos establecemos estrategias basadas en ellas. Todos las necesitamos para las relaciones, las ventas, la comunicación y la transacción. El técnico la implantará pero cualquier directivo tiene que tener mentalidad *DirTech*… o estará muerto en el siglo XXI.

Y recuerden: las tecnologías tienen razones, pero las personas son emociones. Y eso no es competencia de un directivo IT (Tecnologías de la Información).

Porque todos somos *DirTech*, y lo sabes.

VIVA EL LÍDER
TRANSFORMADOR

Peter Jackson, jefe de transformación digital en el Santander, dejó su puesto en 2017 tras un escaso año en el cargo. ¿Éxito o fracaso?

Veamos, lo primero que merece la pena destacar es que las grandes marcas (multinacionales) ya no suponen una garantía para la retención del talento. Las generaciones nativas digitales no tienen ningún apego por los dinosaurios, sino que gustan de escuchar cantos de sirenas más atractivos.

Como le ocurrió a Jackson con WorldPay, la plataforma de pago propiedad de fondos (Advent y Bain) donde recaló tras dejar la sombra del mayor banco comercial *retail* del mundo. Y es que ser cabeza de ratón mola más que ser cola de león, aunque nuestros padres y abuelos no lo entiendan.

Además, ni José María Fuster, ni su sustituto Peter Jackson, parecen haber satisfecho el apetito de un banco global que tiene mucho peso, mucho *staff* y mucha historia. Y ser director de Innovación supone asumir competencias disruptivas, transformadoras y de gestión del cambio. ¿Está preparado el grupo Santander o cualquier otra corporación multinacional para tragar tanto movimiento?

Todo era más sencillo con los transformadores que tenían en casa nuestros padres y abuelos. Estaban enchufados al televisor y a otros muchos electrodomésticos. Transformaban el estándar eléctrico de 125 a 220 voltios, o viceversa, o, sin cambiar de voltaje, eran «estabilizadores» para evitar los saltos de tensión tan frecuentes y que ocasionaban múltiples averías a los aparatos conectados.

Un concepto similar es el que intentan aplicar muchas organizaciones que han oído hablar de la revolución digital e intentan subirse a la ola. Quieren conectar a un director de Innovación (*Chief Digital Officer*, le llaman otros) para que aplique un estándar de normalización y que todo siga funcionando como hasta entones. La misión encomendada por la propiedad o la dirección es más la de ser un «estabilizador» del cambio de voltaje que un «disruptor» de nuevos retos, crecimientos y modelos.

Cuando alguien llama al *pizzero* y le llevan rollitos de primavera, desde luego que se genera frustración. Y esto es lo que está sucediendo en múltiples organizaciones que quieren solucionar lo que creen que es un problema adaptativo cuando lo que tienen entre manos es una oportunidad histórica de transformación y desarrollo cultural.

El líder de innovación o transformación digital es realmente el mesías que debe mover la nave empresarial hacia nuevos modelos de relación con el cliente, hacer más atractiva la marca, fomentar y retener el talento interno, hacer más veloz el motor de gestión y más flexible la organización en su totalidad.

En resumen, reorientar las estrategias corporativas para adaptar el modelo tradicional de negocio a entornos digitales que suponen estrategias *online* omnicanal con el cliente, pero también de aplicación interna de herramientas *smart data* (*big data* inteligentes), inteligencia artificial, robótica, flexibilidad laboral y teletrabajo, de principios y valores.

Cada año se duplica la demanda de líderes transformadores. Una de cada cuatro compañías necesita incorporar su director de Innovación o de Tranformación Digital. Pero, ¿están ya mayores los CEO para entender, impulsar y respaldar el trabajo de aquellos? Muchos nos tememos que sí.

Reinventando el líder digital

Es el más deseado. Monta en unicornio y su negocio vale más de mil millones de dólares (1.000M$). He aquí al príncipe azul. Solo uno de cada mil «*estartaperos*» llegará a montar en unicornio. Honor y gloria al caballero andante de Internet que descubre nuevos mundos: Mark Zuckerberg (Facebook), Jeff Bezos (Amazon)… Sin embargo, solo hay 230 unicornios en el mundo frente a millones de empresas que dirigir.

Muchos empresarios se preguntan cómo transformarse. Buscan líderes digitales abducidos por los nuevos paradigmas: tecnología, innovación, cliente virtual, relaciones con el cliente, logística personalizada, marketing global, Generación Z, *big data*, *neuromarketing*, *blockchain*, etc.

En el último congreso ECOFIN 2017, un centenar de directivos de grandes empresas concluyeron que no se trata de buscar ingenieros, informáticos o *frikis* digitales, sino de encontrar altos directivos formados en la cultura digital. Se trata de entender al cliente, establecer nuevos juegos de relación y venta, aprender un nuevo lenguaje, establecer estrategias híbridas apalancadas en lo mejor del mundo virtual y lo mejor del mundo real. No es un problema de canal de venta, estrategia o *targets*. Quien lo crea así acabará cerrando su negocio.

El líder digital tiene que hablar de personas, organizaciones flexibles, relaciones informales, economía colaborativa, narrativas *transmedia* y aplicaciones multimedia en omnicanalidad. El líder digital no aporta valor por tecnicismos sino por su omniconsciencia, por su visión omnisciente.

Como presidente de Telemadrid, uno de los autores de este libro se enfrenta cada día a interlocutores que solo quieren hablar de audiencias y *shares*, de producción y emisión, pero se incomodan si se les cuestiona sobre lo que quiere la Generación Z, o se plantea una selección de narrativas *transmedia* argumentadas y atractivas, o se pide a un comunicador que haga su cuento corto y lo trasmita en multimedia.

Todos ellos son los demonios del liderazgo digital porque paralizan la comprensión de la nueva realidad: rica, compleja, flexible, desjerarquizada, tecnificada, instantánea, *gamificada*, transparente y dialogada.

¿Qué empresa queremos construir? ¿Qué líder digital estamos buscando?

EL LÍDER CONECTADO

Vivir en la torre de Rapunzel dificulta la escucha. El líder aislado en su paraíso no toca la calle y desconoce hasta cuánto cuesta un café en su cafetería habitual porque siempre le pagan el café.

No está en actitud de escucha activa, sino de monólogo. Y no hay peor mal del liderazgo del siglo XXI que estar ausente. La sociedad digital supone un reto para el líder, para cualquier líder, empresarial o político: escuchar y conectar.

La conexión, además, exige escucha y respeto a la verdad. Dice la moderna teoría de la posverdad que se puede fabricar la realidad, porque si la verdad te desdice, entonces te la inventas. ¡Todo vale! Por eso y como ejemplo, el cómico Toni Albá (TV3) no dudó en querer engañarnos a todos al poner un rostro ensangrentado de 2012 en su tuit viral del presunto referéndum electoral catalán del 9N, como si se tratase de una víctima de las cargas policiales del primero de octubre.

La mentira tiene las patas cortas. Por eso se pilló la mentira de Toni Albá y la de tantos otros. Para eso ha desarrollado Google herramientas atrapa-mentirosos en su Google Lab News. Pero es que en la sociedad digital en la que transitamos, no solo hay que ser honestos, sino que además toca escuchar: a la calle, los clientes, los trabajadores, los amigos o los bancos.

El líder conectado es el que actúa después de escuchar –a demanda–, frente al tradicional y decimonónico líder autocrático, aquel que por su carisma imponía su autoridad por encima de todos.

El liderazgo conectado del siglo XXI incorpora la inmediatez en la escucha y la interactividad de las redes sociales. Las nuevas organizaciones nacen pensando en que sus empleados son el talento diferencial frente a sus competidores y garantía de la sostenibilidad y crecimiento de sus empresas.

Por ello eligen modelos organizativos horizontales donde prima la creatividad y el interemprendimiento, y provocar organizaciones inteligentes, organizaciones que crecen, modelos de «sociocracia» donde el poder esté en los grupos y llegar a generar ecosistemas laborales flexibles y confortables hasta alcanzar organizaciones felices o «felicaces».

Y es que no podemos olvidar que el siglo de la razón ha muerto con el nuevo milenio. Vivimos el siglo de las personas, de la comunicación y la conexión. ¡Larga vida al siglo XXI, el siglo de las emociones y las personas! ¡Larga vida a la *talentocracia*!

LA COMUNICACIÓN
MUDA DE PIEL

Estamos viviendo un momento histórico en el que el periodismo y la profesión de periodista están cambiando de piel. Lo que está sucediendo no es solo crisis, sino que es evolución. Es un ejemplo que se extiende por centenares de profesiones, sectores y actividades. ¡No seamos el eslabón perdido y cambiemos con los tiempos!

Cuando nació la imprenta, algunos decían que eso era para escribir libros pero no información en periódicos. Que lo que se imprimía y se distribuían eran libelos, pasquines o folletos. Eso no era información.

Hoy el mundo cambia. Y la manecilla del reloj viaja en un Fórmula 1. Cada año que pasa ahora es como medio siglo de antaño. La revolución tecnológica significa cerrar imprentas, rotativas y distribuidoras de prensa. Pero también abre nuevos horizontes: «la nube» generará 150.000 empleos en España gracias a tecnologías de la información soportada en esos servidores virtuales en vez de en cada ordenador personal. Y el mismo estudio pronostica cien millones de empleos en China por el impacto de esta revolución de Internet que es la nube.

Es tiempo de oportunidades. Vivimos un momento histórico en la reconversión del periodismo. Hoy y ahora, se está reinventando su papel de intermediario necesario de la información y sus medios de comunicación. Lo más parecido al momento actual fue esa revolución Gutenberg con la imprenta, solo que el tiempo no pasa ahora a la misma velocidad. De ahí la disolución empresarial y los cierres, las quiebras y la desaparición de medios.

A principio del siglo XXI, nosotros hablábamos en los congresos de periodismo digital en la Universidad Complutense de la irrupción del periodismo MOJO (*Mobile Journalisme*): el periodismo en movilidad, tecnológico y atomizado. De millones de nuevas voces con cosas que decir que se levantaban contra cientos de medios de comunicación amalgamando voces como *leviatanes* unívocos, no plurales. Era la revolución 2.0, la socialización de los medios de producción multimedia a través de Internet. De esta visión, cien profesionales hicimos nacer la Asociación de Profesionales de la Comunicación (ProCom).

Hoy pensamos algo distinto. Es verdad que el periodismo es multimedia, atomizado, liberal y autónomo. Convivirá con los pocos dinosaurios que se repartan la parte del león, pero los pequeños serán más flexibles, más creíbles y más cercanos a sus audiencias.

Pero más allá del periodismo, la revolución está en la comunicación. El sueño interactivo de los medios lo hacen realidad a diario los *social media* y las redes sociales. La comunicación se impone al medio y a las teorías de las facultades de periodismo. La comunicación es abierta y plural, más libre y más *infoxicada*. Pero también más necesitada de esos guías que antaño llamábamos periodistas y que hoy tendremos que empezar a llamar «influyentes» y «comunicadores».

El periodismo del siglo XX no volverá; un nuevo periodismo más libre, atomizado y plural ha nacido ya gracias a la revolución tecnológica de los *social media* y de Internet. Creemos nuevos modelos multimedia e integradores sin renunciar a la deontología, a la independencia... y a la socialización de la información.

Crea tu propia voz, ten algo distinto que decir. Tus seguidores de hoy serán tus lectores o tus clientes de mañana. ¡Es lo que hay!

SI NO LO VES,
¡ES MENTIRA!

El poder de la imagen vence a la razón. Hoy en día, la comunicación basa todas sus bazas en contarlo en imágenes. Lo que no se puede mostrar, no tiene valor, no existe, no importa. En el siglo XXI se nos quedó corto el sofisma de que «una imagen vale más que mil palabras». Solo una imagen vale más que un millón de razonamientos o palabras.

Scott Berinato afirma que está convencido de que estamos viviendo el momento cumbre de una revolución visual que transforma la información tal y como era concebida hasta ahora. El profesor Berinato es un profesional apasionado por el poder transformador de la visualización de datos dentro de las organizaciones y también un observador privilegiado como editor principal de Harvard Business Review (HBR) y autor de *Good Charts: The HBR Guide to Making Smarter, More Persuasive Data Visualizations* (la guía HBR para hacer la visualización de datos más inteligente y persuasiva).

La maximización del poder de fiabilidad de la imagen la vivimos diariamente en los telediarios y en los espacios informativos de la televisión. Las normas de calidad de la señal han quedado en un segundo plano en los manuales de estilo de televisiones privadas y hasta públicas. Si la imagen refleja un hecho noticioso en un conflicto bélico o en una catástrofe natural, su poder de imagen se antepone a la calidad técnica del soporte. Pero más aún, si el vídeo es gracioso, viral y ocurrente… ¡también vale todo! Las tragaderas profesionales del periodismo audiovisual se han ensanchado hasta el extremo.

A la imagen le hemos asociado los valores de verdad, fiabilidad, certeza, hecho, noticia, credibilidad… ¡Y ante eso no se puede luchar! Bien es verdad que muchas veces nos encontramos con premiados vídeos de guerra en los Balcanes que finalmente son reconocidos por sus protagonistas como realidades manipuladas para aumentar su impacto y credibilidad. O incluso dudamos de las imágenes televisivas de la llegada del hombre a la Luna, asociándolas a un montaje en estudio.

Pero el poder de la imagen no es solo la televisión. El fenómeno YouTube ha hecho que los vídeos sean una herramienta al alcance de millones de ciudadanos de a pie dispuestos a enseñar sus «frikadas», ocurrencias, editoriales y *speeches*. Y por ello, las últimas redes sociales de éxito tienen que ver con el valor de la imagen: Pinterest, Instagram, Periscope, Snapchat… Y las anteriores están en fase de reconversión: Twitter admitió la foto y también el vídeo mientras que Facebook evoluciona hacia carpetas fotográficas tipo tableros de Pinterest y LinkedIn puntúa con fuerza el grafismo, la foto, el PowerPoint y el vídeo. No es cuestión de edad, ni de imágenes fijas o en movimiento. ¡La imagen lo es todo!

El valor está en hablar a través de un lenguaje visual, no conceptual sino sensorial. No queremos descodificar la realidad percibida por otros sino acercarnos a la experiencia de ser nosotros mismos los decodificadores de los datos percibidos por nuestros sentidos, reinterpretar personalmente (subjetivamente) la realidad. Es uno de los grandes mantras que la Generación Z pone sobre la mesa y que todos, antes o después, hemos ido comprando interiormente en nuestra escala de valores.

NEUROMARKETING, TODO BAJO CONTROL

Estamos asistiendo a una época en la que los directivos de marketing están interesados en la gestión de contenidos y de cualquier forma que en el mundo digital permita a las organizaciones ser visibles. Que las personas que toman contacto con esa marca o producto se interesen por conocer más respecto de la información que están recibiendo por algún medio (móviles, *mails*, redes sociales, etc.)

Por ello no existe ninguna campaña publicitaria en gran consumo que no añada un buen puñado de miles de euros para campañas de vídeos virales, *flashmob* o los *Mannequin Challenge*. Hay que ser gracioso en formatos breves y audiovisuales. Llegar con una sonrisa, pero desde la imagen.

El libro de Berinato apunta a una herramienta de conocimiento y control de estas estrategias de la imagen: la neurociencia y su hija menor, el neuromarketing. Por tanto, tener una buena metodología para la planificación gráfica de los datos, escogiendo los más apropiados, que impacten visualmente en los destinatarios, es algo que las compañías están utilizando y que alguna de ellas les saca partido para resolver problemas de negocios complejos.

La imagen no solo está al servicio de la información sino que se ha puesto al servicio del consumo y de las marcas. Las compañías tienen herramientas nuevas para conocer a su potencial cliente a través de ese *big data* que se ha transformado en *smart data* (inteligencia aplicada al dato) y en un entorno donde miles de millones de personas se disputan el deseo de millares de marcas globales y locales.

Los seres humanos estamos biológicamente programados para comprender y percibir el mundo a través de nuestros ojos. Más del 90% de la información que recibimos y procesamos diariamente en nuestro cerebro es vía imágenes. Pero lo importante, según los datos que vamos conociendo, es que podemos llegar a procesar las imágenes hasta unas 60.000 veces más rápido que los textos.

Eduard Punset explicaba que «poner imágenes a un concepto abstracto en el cerebro surte un efecto inmediato; no visualizamos fácilmente el hambre en abstracto en Ghana pero, en cambio, la imagen de alguien herido en la carretera activa reacciones de solidaridad inmediatas». ¡Eso es así!

Nos aclara Punset que en los laboratorios se viene comprobando el impacto hasta ahora desconocido de las imágenes en los procesos cognitivos, siendo relevante el hecho de que la imagen cuenta como instrumento de permanencia o duración de la memoria porque sin ella es muy difícil que algo permanezca en nuestros recuerdos a largo plazo.

Quédense los lectores con una imagen en sus retinas: la autodestrucción de este libro, al más puro estilo *Misión Imposible*. Si ven arder este libro en su imaginación y sienten el calor que les quema en sus manos estarán guardando un archivo imborrable que superará en años luz un recuerdo meramente intelectual.

La Real Academia de la Lengua Española tendrá que comenzar a compilar emoticonos e imágenes fotográficas icónicas porque la ortografía, la semántica y la sintáctica están en una era embrionaria de mestizaje con el lenguaje visual.

¡Bienvenidos jóvenes de la Generación Z a un mundo en transformación visual!

LÍDERES DE LA POSVERDAD

Emmanuel Macron estrechó la mano a Donald Trump. Y la mantuvo apretada mientras los fotógrafos disparaban. Trump, ya tenso, intentó deshacer la llave del presidente de la República francesa pero Macron apretaba fuerte y los nudillos de Trump comenzaron a blanquear por la presión. Trump recordaba su fobia a dar la mano, su miedo a los gérmenes y al contacto físico. Hasta encargó en una ocasión una campaña de prensa –que no llegó a lanzar– contra este saludo, que considera peligroso.

Macron y Trump. Trump y Macron. ¿Qué tienen en común personajes tan en las antípodas? Se parecen poco. Trump llegó prometiendo el sueño blanco a la América profunda. Macron alcanzó el Elíseo renegando de su partido (socialista), abrazando el centro en los mítines, eligiendo a un tipo de derechas como presidente de gobierno y aliándose con la extrema izquierda y el ecologismo en ministerios sensibles a la opinión pública. Es decir, Trump lo tiene claro: su opinión es la que se impone. Macron, por el contrario, abraza al eclecticismo total (salvo el veto a la extrema derecha de Marine Le Pen, precisamente la favorita de Trump).

Aunque el fondo sea opuesto, Macron y Trump tienen mucho en común en las formas en cómo alcanzaron la victoria electoral contra pronóstico. Ambos son hijos de la posverdad y han alcanzado el éxito mediante el ejercicio de un tipo de liderazgo desconocido hasta ahora y que puede contagiar al *management* de las empresas.

La coherencia, la empatía y la atención a las personas eran los paradigmas más valorados de un líder hasta que llegó la cultura de la posverdad. El diccionario de Oxford ha elegido este vocablo como la palabra del año en 2016. La posverdad dice que *«se refiere o denota circunstancias en las que los hechos objetivos tienen menor influencia en la formación de la opinión pública que los llamamientos a la emoción y a la creencia personal»*. Es decir, se habla con lenguaje emocional para reafirmar lo que el público quiere oír. Excluye las razones y apela a las creencias interiores con eslóganes emotivos.

El votante no escucha razones. No tiene paciencia, ni ganas. Quiere reafirmarse en sus creencias profundas. Salvando las distancias, es lo que hace un madridista cuando compra el diario Marca o un culé cuando lee el Sport. No quieren la noticia sino la emoción del relato que les ratifica su sentimiento de pertenencia a un club.

Algunos definen la posverdad como «la mentira cochina de toda la vida». Pero realmente es una consecuencia directa de la cultura digital que habitamos. Ninguno queremos argumentos largos y sesudos en nuestras redes sociales. Preferimos un *like* o un «quiero ser tu amigo». Queremos emociones, nada de razones. Esto es lo que hace anticiparse a un líder de la posverdad dando a su público lo que quiere oír, aunque sea con doble intencionalidad.

La posverdad nos intoxica la información, el debate en redes sociales y hasta la gestión de las empresas. Cuidado con la viralidad de este falso liderazgo. Es contagioso. Estos autores lo hemos vivido en el seno de consejos de administración de empresas públicas o en los gabinetes de presidencia de ciertos ministerios. La posverdad es enemiga de la *talentocracia*.

MORDAZA A LA LIBERTAD

La posverdad es la moderna manera de definir la mentira desde la sociedad digital que antes se llamó sociedad de la información. «El ejemplo catalán es el del diálogo mientras te apuntan con pistolas», como afirmó Josep Borrell en la primera gran manifestación españolista de Barcelona tras el referéndum del 9N, un socialista catalán de *seny* que presidió la Eurocámara, el parlamento de todos los ciudadanos europeos.

Las pistolas van cargadas de intolerancia, odio y pasión desenfrenada por el terruño, sin limitaciones morales, sin hacer prisioneros. El eslogan «España nos roba» esconde la máxima de posverdad de que somos insolidarios con los nuestros, y en ese suma y sigue hemos llegado a penalizar al extranjero por el hecho de serlo, aunque sea un turista que acude al reclamo de sirenas de las campañas de publicidad de la Generalitat.

Se ha llegado al extremo de debatir en el pleno del Ayuntamiento de Barcelona sobre una nueva tasa turística por la que el consistorio de la Ciudad Condal cobrará el doble al turista por un billete de metro o de autobús; porque debe pagar más ese bárbaro (extranjero) que osa venir de turista a Barcelona para hacer sus fotos, consumir, comprar, gastar y dejar euros, dólares o yenes en los bolsillos de todos los catalanes.

La posverdad es una mordaza fina que a veces se transforma en maroma gruesa cuando el periodista se convierte en el foco de la noticia por saltar sobre un coche de la Guardia Civil, brincando del patio de butacas al escenario con afán de protagonismo y sectarismo político e informativo. Fue el caso de Iván Medina Ramos, el reportero de TV3 denunciado en los juzgados por querer ser juez y parte en la información de violencia callejera; o de la presentadora que quemó un ejemplar de la Constitución española en directo... «*ad mayorem* gloria del independentismo» catalanista. Son citas de la Historia reciente que nos deben hacer comprender que no hablamos de conceptos abstractos sino de lo que nos circunda hoy y ahora.

Otro ejemplo lo testimoniaron los periodistas Nacho Martín Blanco y Joan López Alegre que denunciaron: «*Hemos llegado a la conclusión de que nuestra presencia en las tertulias de TV3 y de Catalunya Ràdio es contraproducente, pues solo sirve como coartada para demostrar su supuesta pluralidad y apuntalar la tesis dominante*».

Dos periodistas catalanes denunciaron así, en el diario El País, que dejaban de colaborar con TV3 porque se sentían manipulados en debates de cuatro a uno, donde el vapuleo era continuo por mayoría y por el tono encendido en los comentarios. Y donde el árbitro –el presunto moderador– es abogado de parte del independentismo radical. Como dijeron Nacho y Joan en su tribuna: «*Estamos cansados de ser la cuota unionista*», la excusa estética –que no ética– para el continuo escarnio de los que no militan en el pensamiento único secesionista catalán.

La mordaza a la libertad siempre es canalla, pero lo es infinitamente más cuando se ejerce desde las trincheras del periodismo, ese cuarto poder que equilibra a los otros tres cuando es bien interpretado y entendido. ¡Caramba, cómo está el patio!

EL *LOW-COST* LLEGA A LOS PIJOS DE WALL STREET

Los dueños del universo miran con desdén a las hormigas humanas que desfilan tras las ventanas de los rascacielos. Es el mito de películas como *El lobo de Wall Street* y tantas otras. Pero el glamuroso mundo de los gestores de inversión también comienza a desmoronarse por el cerco de los robots. La tecnología avanza a pasos agigantados y ya a comienzos de 2018 se podía decir que más del 22% de las inversiones que se realizan en España no las hacen los engominados pijos de la calle Serrano, Azca o Wall Street, sino que las ejecutan máquinas, robots, bots… *robadvisors*.

Si quiere comprar *Telefónicas* o *Iberdrolas*, ya no le hace falta llamar a su agente de Bolsa o a su banquero de confianza. Uno de cada cinco españoles encendemos nuestro ordenador o «clicamos» en nuestro teléfono móvil. Se enciende la plataforma web donde previamente hemos completado nuestro perfil de riesgo. Y allí, con más o menos encanto, un *bot* nos aconseja sobre nuestra cesta de inversión y nos permite cambiarla, comprar, vender y mover posiciones. Es el pequeño Wall Street residente en nuestros bolsillos.

La inteligencia artificial aplicada a estos *robadvisors* permite confianza, certeza, seguridad, alertas y sobre todo generar unos productos *low cost* al alcance de todos los bolsillos. Cualquier tendero o secretaria puede ser el nuevo lobo de Wall Street. La tecnología lo ha hecho posible. La robótica y las máquinas que aprenden han hecho posible que las *FinTech* no sean una quimera sino un bien de consumo diario en más de un 20% del mercado español de la inversión de particulares. Y eso rompe muchos esquemas.

LAS CLAVES DE LA REVOLUCIÓN DIGITAL

La revolución digital en la vida de las empresas se caracteriza por dos ejes de ruptura del *status quo*. El primer eje es la desintermediación. Es decir, que para poner en contacto a un comprador y a un vendedor, el que nos sobra es el comerciante con su sobreprecio de entre el 20 y el 50% del PVP (precio de venta al público) final. Así, la venta de billetes de avión o la compra de *tickets* para eventos ya no exige de agencias de viajes. Lo mismo ocurre con la industria informativa, la industria musical, el sector turístico o el comercio minorista con la electrónica o la moda, por ejemplo. Y esta ventaja del ahorro de la desintermediación conlleva la lógica revolución *low-cost* (bajo precio).

El segundo eje de la economía digital es la conversión de los negocios industriales en negocios de servicios. Es un clásico hablar de cómo los fabricantes de impresoras para particulares dejaron de ver el negocio en la venta de equipos (los suelen regalar con la compra de ordenadores o en otras promociones) para pasar a ser tiendas de repuestos de tóners y cartuchos para las impresoras que nos han colocado previamente. Algo parecido pasó con las marcas especializadas en moda o deporte que, bajo el lema de que «los fabriquen otros», se deshicieron de sus complejos industriales y ahora son meras empresas de marketing que miman su marca y su diseño. El ejemplo habitual es Nike, pero podemos aplicarlo a todas las marcas de moda y prendas deportivas.

La reconversión industrial hacia el mundo de los servicios tiene su máximo exponente con la disrupción digital. La industria musical pasó de vender discos a vender descargas de canciones. La industria audiovisual dejó su obsesión por la taquilla de los cines y los DVD para vender descargas en plataformas de pago por visión (alquiler o venta).

La industria del libro vive pendiente de la reventa de libros vía *ebooks*. Y las grandes marcas de Silicon Valley como Apple obtienen mayores ingresos por sus plataformas de almacenamiento («la nube») y de descarga de servicios (música, cine, *software*, juegos, *ecommerce*, *apps*, etc.), que por la venta de aparatos. Y en esa línea avanzan Facebook, Google, Amazon, etc.

El futuro está por llegar, pero el presente ya es mañana. ¡Adiós a los pijos de Wall Street!

FACEBOOK, EL REY DEL MÓVIL

A nosotros nos dan miedo los monopolios. Pero nos horrorizan aún más cuando estos están en los medios: producción, comunicación, información... ¡En la cultura y la sociedad digital!

¡Vamos!, que no nos importaría tanto que todos los bolsos fueran de Gucci o los jamones de 5J; pero se nos ponen los pelos de punta cuando vemos a todos nuestros amigos entrar en Internet a través de la interfaz de Google o arrancar el portátil y el ordenador de sobremesa con la musiquilla de carga de Microsoft.

Nos creímos el cuento de que las redes eran un nuevo cielo de libertades y que el móvil nos hacía autónomos y libérrimos. Pero comenzamos a preocuparnos cuando vimos que esos cielos se volvían nublados al crearse cuatro borrascas que agrupaban ecosistemas de redes sociales, plataformas de vídeo, *ecommerce*, almacenamiento, descargas, *software*... ¡Las grandes de Silicon Valley!

Y nos tuvimos que poner las GAFA para ver:

- **G**oogle: Google, Youtube, YoutubeTV, Google+, Chrome, Drive, Google Maps...
- **A**pple: iTunes, iBooks, AppStore, Apple Tv, Apple Pay, Safari...
- **F**acebook: Messenger, Instagram, WhatsApp y Facebook con noticias, vídeo directo, tienda, juegos...
- **A**mazon: Amazon, Kindle, Amazon Prime Video...

A esta fiesta también se suma el otro gigante americano: Microsoft, con su Explorer, Office y resto de *software*; pero, también, la mayor red profesional que es LinkedIn y sus satélites.

Y en este mundo presente, donde las generaciones de treinta y cinco años y menos solo viven en y para el *smartphone*, da aún más miedo la realidad constatada y constatable que nos presentan las últimas estadísticas fehacientes de dónde navegamos, conversamos, compramos y nos relacionamos en movilidad.

Según datos mundiales de Sensor Tower para el primer trimestre de 2017, cuatro de las cinco aplicaciones (*apps*) más descargadas por el teléfono móvil pertenecen a Facebook, quien gana de calle la batalla en todos los frentes: redes sociales, mensajería instantánea, *chats*, fotos compartidas… Y aspira también a serlo en vídeo directo, vídeo de pago por descarga, virales, noticias, *ecommerce*, etc.

Los últimos informes estadísticos dicen que, tanto en la tienda de Google, como en la de Android y en la de Apple resulta que las aplicaciones más descargadas (se supone que también las más usadas y con más crecimiento) son en distinto orden según el país y la plataforma tecnológica usada: Facebook, WhatsApp, Messenger, Instagram y una quinta que cambia según el país y la plataforma. Lo cierto y verdad es que las cuatro mencionadas que copan el mundo en movilidad son del universo azul de Mark Zuckerberg (Facebook).

Por debajo de este monopolio de comunicación *smartphone*, se encuentran aplicaciones como Snapchat y YouTube y otras no ligadas a redes sociales como Google Map, Bitmoji o Uber.

Twitter sigue su declive, al que arrastrará a su segunda marca Periscope. Y los analistas agoreros pronostican malos augures para Snapchat. En fin, consolidación previsible del monopolio azul en movilidad.

En 2013, cuando Facebook se encontraba en plena expansión, uno de los grandes objetivos de la compañía era dar el salto al móvil con éxito. La red social contaba con una gran presencia en los ordenadores pero no era muy visible en el móvil. Cuatro años más tarde, Mark Zuckerberg ha conseguido ser el absoluto rey móvil.

Este crecimiento lo ha conseguido tanto desde la propia red social como desarrollando otras dos compañías que tiene bajo su paraguas: Instagram y WhatsApp.

Las cuatro aplicaciones de Facebook también están entre las más descargadas en los sistemas operativos Android e iOS, aunque en distinta posición. Las cinco aplicaciones más descargadas en iOS durante los tres primeros meses del año 2017 fueron: Messenger, WhatsApp, Bitmoji, Instagram y Facebook. Por su parte, en Android las *apps* más descargadas fueron: Facebook, WhatsApp, Messenger, Instagram y Snapchat.

En fin, el ecosistema de Facebook presume de tener cuatro de las cinco aplicaciones más descargadas en los principales ecosistemas móviles y esto comienza a ser carne de monopolio. ¿Truco o trato? ¡Qué miedo!

BLOCKCHAIN, EL NUEVO SMARTPHONE

lockchain, la nueva tecnología de cadenas de bloques, se ha convertido en el fenómeno de mayor atracción tecnológica de las últimas décadas. Ha hecho sombra a cualquier otra tecnología emergente hasta generar un inicio de burbuja inversora donde fondos de inversión e instituciones conservadoras han ampliado en dos y tres dígitos sus inversiones en economía digital atraídos por los anuncios de que «el *blockchain* es el nuevo *smartphone*», frase que se repite en los mentideros *startups* en todo el mundo. Miguel Ormaetxea, editor de Mediatics, ya advirtió en junio de 2017 del anuncio de Samir Goel: «*Blockchain* es el mayor avance sociotecnológico que ha vivido la Humanidad, más que el propio Internet».

«Está claro que va a cambiar nuestras vidas» dice Ignacio Cea en su blog dentro de la página oficial de Bankia. El director corporativo de Estrategias e Innovación Tecnológica del banco liderado por José Ignacio Goirigolzarri, uno de los expertos mundiales en emprendimiento *startup*, no debería estar equivocado, ¿no?

Así que si todos los clientes de uno de los mayores bancos españoles desayunan con esta promesa. Por tanto, ¿cómo no se iba a generar la fiebre del oro entre los inversores españoles? Desde Bankia se asegura que va a transformar el mundo de los medios de pago (*bitcoin*, *ethereum*), pero también el mercado eléctrico, las loterías, el juego *online*, las votaciones electrónicas, la identidad digital, la contratación, la seguridad, el sector del automóvil, las comunicaciones… ¡y hasta los medios de comunicación!, añadiría cualquiera.

Es una tecnología que nació para poder sustentar la moneda virtual generando credibilidad a las transacciones y al valor mismo de la divisa digital, lo que permitió que el *bitcoin* de enero de 2010 pasara de valer 1 euro a costar 1,2 millones de euros en noviembre de 2013. Una relación exponencial que obviamente despertó el apetito especulativo.

El nuevo fenómeno inversor –y donde quizá se esté generando una burbuja especulativa– es a través de un nuevo instrumento nacido para la financiación de los proyectos *blockchain*, especialmente los relativos a la criptomoneda, aunque no sean el único caso. Hablamos de las emisiones ICO (*Initial Coin Offering*). Se trata de un instrumento diseñado para que inversores institucionales y particulares financien proyectos de matriz *blockchain* a través de campañas asimilables al *crowdfunding* social y limitadas en el tiempo. La fiebre de los ICO llevó en la segunda mitad del 2017 a anunciar nuevas emisiones diarias que quedaron cubiertas en menos de un par de horas, aunque se tratara de varios millones de euros de emisión.

Estas rondas ICO garantizan la financiación de proyectos tecnológicos, pero su seguridad para el inversor es mínima, ya que no dan derechos políticos de voto (no son acciones) ni generan obligaciones financieras de pago en tipos de interés y plazos (no son deuda). Realmente se compran *tokens* –cuyo valor futuro se desconoce– o se hace una precompra para el uso de los desarrollos tecnológicos *blockchain* que se proponen.

En fin, no podemos vivir de espaldas al *blockchain* que lo está transformando todo. Los medios de comunicación tienen una segunda oportunidad en prospectar las oportunidades que aquí se esconden (micropagos, segmentación de audiencias, seguridad, propiedad intelectual...) Y los inversores tienen una oportunidad para pensarse hasta qué nivel de riesgo quieren asumir. Y si el *blockchain* es el nuevo *smartphone* o el nuevo Internet, no tardaremos mucho en vivirlo. ¡Estén atentos!

EL MIEDO A LO DESCONOCIDO

Es paralizante. El miedo a lo desconocido está acogotando el desarrollo de la economía digital en España. Muchos proyectos *startup* están siendo metidos en el arcón del congelador o empujados a emigrar a Londres o Estados Unidos por mor del miedo a no saber.

No hablamos solo de Uber o Cabify, que por sí solos despiertan dudas, congregan manifestaciones y son objeto de debate en todas las barras de bar (y tertulias de la tele) de toda España desde hace años.

El agujero negro se hace más profundo en sectores regulados como el financiero. Las famosas *FinTech* eran (son) una oportunidad para un Madrid y una España que ve cómo el paraíso mundial del sector se tambalea en Londres por los nervios a una salida confusa del Reino Unido del mercado común de la Unión Europea. En Londres, en enero de 2016 se dotaron de un modelo de confianza por el que apoyan el sector, permiten la puesta en marcha de cualquier iniciativa, la supervisan y monitorizan desde el minuto uno; pero les dejan crecer con una autorización previa temporal y luego la riegan con beneficios fiscales a quienes invierten en ellas y con clientes rechazados por la banca, que son desviados a las plataformas *crowdlending*… y es una gozada estar en ese jardín florido.

En cambio, el calvario que siguen las *startups* que emprenden en España pasa por escenarios de espera a la autorización que van de medio año a dos, que en muchos casos son desautorizadas definitivamente y reorientadas hacia otros proyectos y que alguna vez obtienen un visto bueno después de estar operando durante meses o años gracias a una licencia obtenida en Bruselas o en Amsterdam. En fin, un lugar de burócratas a los que haría falta estimular, a los que hace falta grabarles a fuego aquello de que menos es más. Aunque en el fondo lo único que hacen es cumplir órdenes, porque las leyes no las hacen ellos; solo las hacen cumplir, con exceso de celo a veces, pero con la ley en la mano.

La falta de marco regulatorio, las lagunas legales y la ausencia de competitividad en el modelo para autorizar las iniciativas emprendedoras son una barrera infranqueable para muchos «startaperos» que hacen las maletas de la inmigración intracomunitaria o directamente atraviesan el Atlántico buscando el sueño americano de Silicon Valley.

Afortunadamente algunas barreras caen. En 2017, por ejemplo, cayó la valla que frenaba a Housers, la principal plataforma de financiación y venta inmobiliaria. La Comisión Nacional del Mercado de Valores (CNMV) después de poner trabas, sugerir reconversiones del modelo y pensárselo mucho… encendió finalmente la luz verde del adelante con Housers. Un acierto sin duda y un poco de oxígeno para un sector que se asfixia en las propias sombras de la burocracia.

Menos es más, repito. Hacen falta mejores burócratas en España. Y hacen falta mejores leyes en ese Parlamento, que es la casa de todos pero que durante años ha sido otro tipo de casa, y no la casa común de los proyectos comunes en beneficio de todos. Y el presente y el futuro están en el desarrollo de la economía digital y muy especialmente de las poderosas *FinTech* que fabrican el nuevo modelo de financiación y servicios financieros que soportarán al resto de los sectores productivos de la economía.

El verdadero cambio está en la Plaza de Las Cortes, donde el legislativo español debe coger el toro por los cuernos, dejarse asesorar por los que saben y hacer una ley transformadora que lidere una nueva forma de hacer en una economía digital que es nueva y que exige innovación en todo, empezando por las leyes.

El vía crucis tiene su primera parada en la Puerta de los Leones del Congreso de los Diputados y sus señorías un reto histórico para liderar una economía que hoy llamamos digital y que dentro de unos años se nos hará esbozar una sonrisa por haber sido tan antiguos en tildarla –a la Economía con mayúsculas– como tal en un entorno de desarrollo global como el que vivimos. Es la economía del talento, la *talentocracia*.

ROBOTS, MIS NUEVOS RECURSOS HUMANOS

Ayer volví a hacerlo. Tuve que decir que no. Nunca es fácil negar la amistad a alguien que te lo pide con esos ojillos tristes, pero es que yo no quería crear precedentes.

«Poseo gran capacidad de aprendizaje y adaptación; y la interacción con las personas es mi fuerte…», me decía Tico. Pero es que le dices que sí en redes sociales a uno, y detrás llegan los demás: el turco Ekol Robot, Sawyer T. Robot (Colorado), Olimpus (Atlanta), Robots UN (Holanda)…

Robots siempre ha habido trabajando en la sombra de Internet. Son los llamados *bots*. Dedicados a inventar tráfico a las webs, robar datos, generar *big data* y *marketing 2.0*. Ya en enero de 2015 la consultora Incapsula aportaba un informe que reconocía que el mayor tráfico por la Red de redes no era de humanos sino de máquinas (56/44).

Pero ahora es distinto. Son humanoides y se hacen su *selfie*, crean su perfil en redes sociales y te piden amistad. ¿Qué hacemos? ¿Los invitamos a quedadas y fiestas?

Han venido para quedarse. Son parte del paisaje. Tenemos que acostumbrarnos a vivir con ellos como en las sagas de ciencia ficción tipo *Yo Robot* o *A.I.* (Inteligencia Artificial). ¡Ya están aquí!

La invasión ya llegó

Un ejército de 1,63 millones de robots ha comenzado a tomar posesión del planeta Tierra. Y serán 2,6 millones de máquinas en 2019, según la Federación Internacional de Robótica (IFR). Son más visibles en el mundo de la industria y en países orientales como Corea del Sur, Singapur y Japón.

Están copando el empleo en industrias de montaje como el automóvil, la aeronáutica, los electrodomésticos, la electrónica de consumo… pero también en la metalúrgica, la química, el plástico o la goma. Y penetran con drones, inteligencia artificial y robótica en la agricultura y la ganadería. Hasta la prensa, los médicos y los abogados temen por su suerte.

En solo veinte años, dos terceras partes de los empleos que actualmente existen en el mundo desarrollado son susceptibles de ser sustituidos por robots o por inteligencia artificial, según los análisis de los principales organismos multilaterales como la Naciones Unidas o el Banco Mundial.

Los menos alarmistas rebajan esta cifra al 47% en el caso de la Universidad de Oxford (*The future of Employment* 2013) y al 9% en el caso de la OCDE mirando solo a los países de su organización.

Lo que sí parece indubitable es la opinión de los expertos de Estados Unidos sobre la volatilidad del empleo menos cualificado, aquel por el que se pagan menos de veinte dólares la hora, porque ya es posible reemplazar el 80% de esos trabajadores por inteligencia artificial y robots.

De hecho, la robótica es un sector en crecimiento exponencial y demandante de empleo de calidad. Es un mercado que mueve 150.000 millones de dólares según Bank of America Merrill Lynch.

Derechos e impuestos para los *bots*

Uno de los primeros en alzar la voz fue Bill Gates. Porque si han venido para quedarse, habrá que construir un marco legal de derechos y obligaciones para acogerlos. Estos nuevos migrantes también necesitan pagar impuestos, gastos sociales y solidaridad entre los humanos. Gates dijo: «*Sin duda, habrá impuestos relacionados con la automatización. En este momento, si una persona hace un trabajo valorado en 50.000 dólares en una fábrica, ese monto es sometido a impuestos sobre la renta, impuestos de la Seguridad Social y todas esas cosas. Si un robot viene para hacer el mismo trabajo, pensarías que habría que ponerle un impuesto del mismo nivel*».

La candidata de izquierdas al Eliseo, Benoît Hamon (36% de los votos) lo tuvo en su programa electoral: «*Si una máquina reemplaza a un hombre y crea riqueza, no hay motivo alguno para que esa riqueza no sea gravada con impuestos*». Y planteó un escenario de derechos e impuestos que el mal resultado alcanzado en las urnas no nos permitió aún ver en Francia más allá del terreno de las utopías, pero que ahí queda.

La pregunta clave es: ¿cómo regular? Son realidades muy distintas; no hablamos solo de humanoides autómatas individualizados sino de miles de fórmulas híbridas de robots que hoy están en el mercado y en el mundo del trabajo.

¿Los brazos articulados de las cadenas de montaje son cada uno de ellos un robot? ¿Cuál es el sujeto imponible? Hay que dotar de legalidad al robot: personalidad civil, identidad definida y anotada en un registro.

La nueva utopía

El mundo del trabajo cambia. Quizá habrá que proponer a los sindicatos una nueva sectorial para acoger a los robots, defender sus derechos, que paguen cuota y considerarlos uno más en el sindicato.

Estamos creando una sociedad donde los robots trabajarán en nuestro lugar, donde pagarán impuestos en nuestro lugar y donde contemplaremos una semana de treinta y dos horas para los humanos, pero no para sus máquinas.

Llevamos un lustro en transformación del empleo, aunque no lo vemos en Europa porque la punta de lanza de esta innovación está en Extremo Oriente. Foxconn, la compañía china que fabrica dispositivos para Apple y Samsung, anunció en 2016 que iba a reemplazar 60.000 trabajadores con robots. ¡Y lo hizo!

Changying Precision Technology Company, fabricante de componentes de teléfonos celulares chino, instaló en 2015 una fábrica operada casi en su totalidad por robots. Según el diario oficial People's Daily, gracias a los autómatas esta planta hoy produce tres veces más piezas que cuando las fabricaban obreros.

Según el Foro Económico Mundial, para 2020 desaparecerán cinco millones de puestos de trabajo en las quince economías más desarrolladas del mundo por causa de innovaciones como la robótica y la inteligencia artificial. Y la parte del león está en los gigantes asiáticos.

Los agoreros de la tecnología y el desarrollo robótico ven en estas estadísticas una gran amenaza para la sociedad post-industrial. El futuro son barrios de pobres ociosos pegados a urbanizaciones blindadas con medidas de seguridad que acogen a mansiones de ricos y un Ejército de servidores autómatas alrededor. En fin, escenarios como los que pintan películas como *In Time*.

Los científicos del cambio, por el contrario, mantienen que hay que recordar que la revolución industrial de la máquina de vapor ayudó a redistribuir empleo, no a destruirlo. El empleo obligó a la migración del campo a la ciudad, de trabajos serviles a trabajos obreros, de un trabajo poco cualificado a uno de mayor cualificación en la medida que la industria y los servicios evolucionaban hacia la segunda y la tercera revolución industrial.

La consultora Metra Martech calcula que los robots que están hoy en activo ya han ayudado a crear no menos de ocho millones de empleos, a los que se sumarán un millón más en los próximos años. Eso sí, el modelo educativo debería acelerar también su transformación hacia carretas STEM (*Science, Technology, Engineering, Mathematics*): Ciencias, Tecnología, Ingeniería y Matemáticas. El futuro es tecnológico y los nuevos empleados son y serán robots. ¡Que los robots paguen sus impuestos! ¡Y que los humanos vivamos de nuestro talento!

COBRAR POR APRENDER

Es un cambio de paradigma: cobrar por estudiar, en lugar de pagar para estudiar. La escasez de profesionales capaces de trabajar en las profesiones del futuro está haciendo cambiar ciertas mentalidades en el mundo de la formación. De hecho, a finales de 2017 nos reunimos con un grupo de empresas tecnológicas cuyo planteamiento consistía en facilitar unos *tokens* mediante tecnología *blockchain* para poder premiar a aquellos alumnos que se inscribieran en programas de formación en gestión de tecnología *blockchain*.

Es decir, todos ellos estaban dispuestos a pagar dinero (mediante *criptomonedas*) a jóvenes talentos que quisieran formarse y emplearse después de acabar, con el fin de seguir desarrollando su conocimiento y aportando su presunto talento a las empresas que estaban dispuestas a pagar por estudiar.

De esta manera se manifiesta la enorme preocupación existente desde comienzos del milenio por parte de todas las compañías demandantes de empleados tecnológicos ante la escasez de trabajadores formados en el mercado laboral, a la vez que también el exiguo número de alumnos matriculados en las disciplinas consideradas más estratégicas para el desarrollo de la sociedad y de la economía del siglo XXI. Hablamos de las llamadas disciplinas STEM, es decir, de las disciplinas de Ciencias, Tecnología, Ingeniería y Matemáticas.

Varias iniciativas públicas y privadas intentan estimular en este momento el desarrollo de vocaciones STEM entre los estudiantes de bachillerato. También en las facultades de Ingeniería, Matemáticas y Ciencias se intenta motivar a los alumnos para que el número de estudiantes que abandonan la carrera disminuya, y sobre todo lo haga también la conocida como «brecha de género» por la que un gran número de mujeres abandonan los estudios o, tras concluirlos, no se incorporan al mundo laboral.

En esta promoción de las carreras tecnológicas han entrado especialmente las grandes compañías «telecos» e informáticas. Y para llegar a los más jóvenes, nada como la competición, el juego y el premio. Es lo que el marketing moderno ha dado en denominar la «gamificación», que estimula la involucración de los jugadores en el uso de tecnologías como medio para obtener una recompensa final. De ahí la efervescencia en los últimos dos años de *hackatones*, carreras de drones o competiciones de robótica.

Así pues, el futuro es de esos *frikis* de la programación, la robótica, las matemáticas y los algoritmos. El mercado demandará centenares de miles de profesionales en España que ahora no existen y que las grandes compañías están dispuestas a estimular pagándoles la formación; no solo de *postgrado*, sino también de grado, para que el mercado de profesionales preparados para el desarrollo tecnológico de cualquier compañía en cualquier sector sea un elemento competitivo de la economía.

Cobrar para estudiar puede ser un buen negocio, pero puede ser aún mejor: la más magnífica de las profesiones futuras. Son los cimientos de la *talentocracia*.

EL MITO DE LA
«GAMIFICACIÓN»

«**G**amificación» no es un concepto nuevo; sin embargo, ha pasado a estar dentro del top de los profesionales de marketing y es cada vez más común que las marcas lo usen.

La *gamificación* es usar el diseño de un juego en aplicaciones que no son juegos para hacerlas más divertidas y atractivas.

Una de las ventajas que ofrece la *gamificación* es que se crea en el usuario una experiencia distinta y divertida, a diferencia del marketing de la vieja escuela. Es, en otras palabras, una bocanada de aire fresco, una respuesta óptima a la constante búsqueda de experiencias nuevas por parte del consumidor.

Para implementar este tipo de marketing es básico conocer qué es lo que motiva a nuestro público. En este caso es necesario ir más allá de los datos sociodemográficos de los usuarios y poner especial atención a las motivaciones, lo que nos permitirá generar experiencias mucho más compatibles a nuestros *targets*.

Como guía es interesante tomar en cuenta la teoría de los cuatro tipos de jugadores de Richard Bartle:

- *Exploradores*: jugadores ávidos por descubrir, explorar y aprender. Carecen de afán competitivo
- *Triunfadores*: se guían por los objetivos del juego (niveles, puntos, *ranking*). Su premisa es ganar por encima de todo
- *Sociabilizadores*: la experiencia dentro del juego es para ellos un *chance* de interactuar con otros jugadores. Es el tipo de perfil más importante en cuanto a tamaño.
- *Killers*: como los triunfadores, solo quieren ganar por encima de todo. Además, muestran especial énfasis en

la derrota de los demás jugadores; es un grupo minoritario a los que se les denomina «troll»

Es importante señalar que la dinámica del juego debe estar alineada con los objetivos de negocio y el marketing, a la par que debe estar en sincronía con nuestro público *target*. Si bien se trata de entretener al consumidor, es también una prioridad influir en el comportamiento del mismo, aportándole una experiencia agradable que ayude a reforzar el posicionamiento de nuestra marca y que eso pueda traducirse directa o indirectamente en ventas.

Como botón de muestra valga el ejemplo de Nomaders, una iniciativa española que pone en contacto a viajeros con personas locales. Consta de una guía alternativa de viaje, donde cada encuentro que se tenga con un «héroe local» permitirá completar el pasaporte y así conseguir *souvenirs* exclusivos, con la posibilidad de compartirlo con sus amigos.

SEGUNDO ACTO

...PERO SE
REINVENTA CON LAS
PERSONAS

TALENTOCRACIA

José Luis Rodríguez Zapatero puso de moda el *talante*. La disrupción de la nueva economía en la era digital está atrayendo en oleadas una nueva obsesión por el *talento*. Y, aunque no es lo mismo el *talante* que el *talento* (por más que algunos lo confundan), de ambos conceptos tratan los nuevos modelos de liderazgo del siglo XXI en una economía digital que se basa en las personas, la innovación y los servicios. A fin de cuentas, la excelencia en todo ello reside en el *talento con talante* de los profesionales.

Muchas multinacionales viven realmente obsesionadas por la captación y la retención del talento como tabla de salvación a la sostenibilidad de sus modelos de negocio. Directivos de todo el mundo leen con taquicardia cada nuevo *ranking* de las mejores empresas para trabajar, de las marcas más valoradas y de las organizaciones con mejor reputación entre sus empleados.

Consultoras como Great Place to Work viven entre algodones y mimos como si fueran jurados que conceden estrellas Michelin o soles de Repsol entre los más selectos restaurantes del mundo. Y muchos medios económicos de todo el mundo han encontrado su piedra filosofal para nutrir de ingresos sus barbilampiñas haciendas en la publicidad extra de sus suplementos monográficos sobre estos *rankings* de los mejores lugares para trabajar.

El presente no importa y el futuro está por diseñar. Es el nuevo axioma del *management* coetáneo. Silicon Valley y las GAFA (Google, Apple, Facebook, Amazon) han generado tendencia en el sentido de que la innovación y la gestión del cambio dependen de las capacidades de sus equipos a la hora de diseñar nuevos servicios, nuevos productos y nuevos modelos de monetización. El *interemprendimiento* es otro de esos mantras repetidos una y otra vez dentro de las tecnológicas. Y todo ello va linealmente correlacionado con el talento humano de sus equipos.

El hallazgo de la persona como diamante en bruto de la competitividad en las organizaciones ha dinamitado los modelos jerárquicos, mecanicistas y autocráticos de liderazgo. Las empresas son transversales en su *sociocracia* de gestión interna. Y la *talentocracia* aflora como la cumbre de los sistemas de promoción interna.

Y si en la era digital lo más valioso es el talento, otro elemento disruptivo que aparece en escena es el «startapero». De esto saben mucho los gigantes del comercio tradicional, dinamitados por *ecommerce* de nuevo cuño; pero también lo sufren los gigantes grupos bancarios internacionales, a quienes les comen el queso de los nichos de mayor margen las pequeñas empresas *FinTech* especializadas en crédito, pagos, servicios financieros, inversión, etc.

El talento no tiene tamaño. La atomización de los medios de comunicación, la pérdida de valor de los productos en un mundo de servicios, la disrupción del *open source* y las plataformas *low cost* de programación y almacenamiento en «la nube»… muchos son los avances que apuntan a que el talento puede vivir libre y autónomo en el ecosistema digital sin necesidad de alinearse a empresa u organización mercantil alguna.

Las nuevas generaciones son desafectas a las grandes estructuras, a las marcas de siempre y al empleo estable. El emprendimiento resulta más sexy en el siglo XXI. Los funcionarios son una especie en peligro de extinción para los talentosos nativos digitales. El talento se impone y una nueva formulación del *management* de la *talentocracia* está echando raíces en nuestra era digital. Mucho está por venir, pero el talento llegó para quedarse en el corazón mismo de los recursos humanos y del liderazgo de la posverdad. Así sea. ¡*Sic transit*!

REINVENTARSE PARA CRECER

Es el momento del «reseteo». Hay que reinventarse como líder, como organización, como persona. Y no hay excusa mejor para esa puesta a punto que la que nos brinda la actualidad: cambio de horario, cambio de gobierno, cambio de año, cambio de estación climática... ¡cualquier excusa es buena!

Cada final de ejercicio económico es una nueva ventana de oportunidad donde se abre un período del año en el que todas las organizaciones hacen una *paradiña* para visualizar su futuro cercano, ponerse retos y estrategias, abordar objetivos y trazar una vida mejor. ¡Reinventarse!

La excusa está servida. Es tiempo de que nos paremos a pensar sobre cuáles son nuestros planes. Si se plantea desde una organización, nos referimos a planificación estratégica; si es a título personal, es el momento de sacar el líder que llevamos dentro.

Entre la duda y la ambición

¿Ser o no ser? ¡Tiempo de sombras, tiempo de dudas! Cada vez que establecemos un plan para el año entrante también echamos la vista atrás para ver el camino andado. Entonces nos viene una sensación de frustración pues lo esperado para el ejercicio que dejamos atrás suele estar por debajo del listón que nos habíamos fijado. Siempre solemos pecar de ambiciosos al plantearnos objetivos inalcanzables o qué circunstancias de mercado o políticas nos las dinamitan a cada paso.

¿A qué se debe? ¿Hay razones que no tenemos debidamente en cuenta e influyen para que esto suceda?

Si los resultados son pobres, siempre la persona optimista podrá decir una frase como esta: *«Saliendo de tan larga crisis podrían haber sido peores»*. En caso de que la personalidad sea más bien escéptica, su afirmación podrá estar en línea con este tipo de expresiones: *«Si bien pueden ser considerados razonables dadas las circunstancias, están muy lejos de los objetivos que nos hemos fijado»*.

En todo caso, el líder –optimista por naturaleza– somete a un contraste de realismo su visión en este momento de «resetearse» y reinventarse un año más. Seamos positivos sin dejar de tocar suelo.

Mercado global, problema local

Esto recuerda aquel principio de «Matemáticas Parda»: *«Es condición necesaria pero no suficiente»*. Porque la economía global está más interconectada que nunca. Un resfriado en la Bolsa de Hong Kong puede ser una debacle en la Bolsa de Londres doce horas más tarde. Y más que nunca en escenarios globales y en unidades de mercado como la Unión Europea, donde lo que decida Bruselas es palabra de Dios.

Además, hay factores que ni por asomo pueden planificarse, caso de una explosión en el movimiento de refugiados, la incertidumbre sobre la guerra en Siria, la batalla por el control del petróleo, la caída del precio en el mercado de materias primas, etc.

En el plano más próximo, hay que considerar cuestiones como qué transformaciones tecnológicas se están dando en el sector en el que actuamos y si somos capaces de dar respuesta a estos cambios.

Pero por más análisis que hagamos de la realidad tal cual creemos irá sucediendo, la cuestión es cómo la organización responderá a cada una de las circunstancias que se presenten.

Cuestión de gestión del riesgo

El riesgo empresarial es inherente a la actividad económica. La planificación estratégica también tiene su cuota de riesgo cuando hay respuestas que jamás fueron previstas.

La diferencia entre el momento de planificar y la época en la que haya que implementar será gran parte del problema del por qué se producen esos resultados que no satisfacen ni al optimista ni al pesimista.

Con frecuencia nos damos cuenta demasiado tarde de que nuestra reacción frente a un hecho fue inoportuna. ¿Tarde quizás? A veces, no solo el factor tiempo, sino un elemento que a menudo desestimamos por descuido: la capacidad de hacer lo que se suponía que íbamos a hacer porque estaba planificado. Pero pudieron fallar equipos y personas; no somos máquinas. Tampoco es de extrañar que un equipo no siempre esté preparado para asumir incertidumbres en todo proyecto y sus responsabilidades.

¿Es esto posible? Pues claro que sí. Al ritmo que se está produciendo el cambio en el mundo digital en el que actuamos, personas y equipos quedan rápidamente desactualizados sobre conocimientos que deberían tener para realizar determinadas tareas. O sea, no es cuestión de incompetencia de las personas, sino que se requiere un *know-how* para el cual es imprescindible recibir formación y *training* constantes.

Es hora de reinventarse y vivir nuevas vidas como líderes y como organización, como persona y como equipos. ¡Es llegada la hora del líder que llevamos dentro! *¡Alea jacta est!*

EL CAPITALISMO
DE LAS PERSONAS

El capitalismo ya no es el dogma. Occidente busca nuevos paradigmas humanizadores en un nuevo capital-humanismo sostenible con el planeta, como propugna el pensador Ignacio Bernabé. Porque ya no se habla de recursos, materiales, financieros y humanos; ahora se busca innovación, tecnología, talento y personas.

Parece que son solo palabras, pero en realidad son conceptos opuestos. El corazón de las empresas late con talento y personas. Porque lo importante no es el producto, sino el ropaje de intangibles que lo envuelven. Porque el éxito no está en la mejor tecnología (Beta vs. VHS, Mac vs. PC, Android vs. iPhone), sino en la capacidad de ganarse al cliente.

Pero ojo, que el capitalismo no ha muerto. Lo ha usurpado la China comunista y hasta lo pregonó en Davos el 16 de enero de 2017, cuando Xing Jinping, el presidente de China, salió en defensa de la globalización, el libre comercio y los flujos de capital. Y mostró a Donal Trump como el enemigo del capitalismo y el libre mercado.

Y es verdad. Hasta la Casa Blanca ha entrado en pánico al ver la bandera en manos del líder chino, así que se construyó un castillo feudal donde esconderse dentro mientras encendía las almenaras para pedir más tropas, más armas y más presupuesto a sus socios de la OTAN.

Esta es la paradoja actual. Los excapitalistas nos hacemos humanistas mientras el viejo comunismo totalitario se hace forofo del capitalismo industrial, financiero y colonialista: África, Latinoamérica... y Europa, por qué no.

Dicen que Inglaterra, cuna del capitalismo de Adam Smith y los profesores de Oxford, siempre fue proteccionista hasta que dejó de ser capital del Imperio y necesitó ser librecambista para colocar sus excedentes. Porque hace dos siglos, un inglés escribió: «*La industria de las fábricas inglesas produce con seguridad cuatro veces más artículos que todos los continentes juntos, y la de las hilaturas de algodón dieciséis veces más que las de la Europa continental*».

Así de revueltas las cosas, ¿quién quiere ser chino en Wall Street o filósofo en Pekín? El dogma del capital ha muerto. ¡Reinventemos el capitalismo de las personas! ¡Viva la *talentocracia*!

LO IMPRESCINDIBLE DEL *MANAGEMENT*

Todo cambia. El gestor de empresa ya no es un mecánico que busca la eficiencia, el valor añadido, la facturación y el beneficio. La sociedad digital ofrece un mundo móvil, global y «felicaz». Hay que cambiar la visión del negocio. Hay que ponerse las «GAFA»: Google, Apple, Facebook y Amazon son los modelos de éxito.

Los gurús presentan al trabajador como el primer cliente y colaborador necesario para el éxito, y al cliente como demandante de servicios, no de productos, que quiere dialogar con la marca, los otros clientes y los expertos. Exige más.

Se propone la gestión del cambio y la transformación digital de los negocios. Se imponen modelos antropomórficos con propuestas transversales de organización, celulares en la autonomía, que buscan captar y retener el talento, ofrecer empresas felices con horarios flexibles, descentralizar. Quizá la propuesta más extrema sea la *sociocracia* que propone gestionar por círculos que basan sus decisiones en el consentimiento (no el consenso, pero tampoco la autocracia).

El objetivo no es ganar más sino crear organizaciones sostenibles, que crecen, que se adaptan al cambio continuo. Son organizaciones inteligentes que aprenden e innovan, felices y eficaces. Juan Carlos Maestro propone la «felicacia» e Ignacio Bernabé el «capital humanismo». Da igual. Lo importante es entender esto: la transformación se realiza desde la tecnología pero se reinventa desde las personas. En esta sociedad líquida, el que no pedalea sobre la bici, cae.

MUERTE AL LÍDER MECANICISTA, ¡VIVA EL LÍDER *TEAL*!

El maquinista de La General está muerto y enterrado (1926, Buster Keaton). El viejo liderazgo se hacía pensando en que los recursos de la empresa eran engranajes de una gran máquina con la que apretando palancas se engranaban personas, materias primas y recursos técnicos y económicos para producir al final de la cadena: valor añadido, rentabilidad y beneficio.

Las organizaciones del siglo XXI ya no son así. Pensemos en las GAFA, Google, Apple, Facebook, Amazon. Se han diseñado bajo modelos de carácter orgánico o antropomórfico; es decir, las nuevas empresas se entienden hoy como seres vivos capaces de crecer o morir, según se las cuide o no. Por ello, las nuevas organizaciones exigen de líderes transformadores que piensen que las personas son parte sustancial de esos organismos vivos que gestionan y los nuevos líderes piensan más en personas que en recursos humanos, en motivación que en recompensas, en equipos que en jerarquías.

Cuando los recursos humanos dejan de entenderse como tales se comienza a ver personas, colaboradores, individuos con ideas propias, deseos de innovación e interemprendimiento. Son las células vivas de una organización que aprende, que evoluciona, que es inteligente y que premia la creatividad, la propuesta y el compromiso. Si matamos al director de recursos humanos y lo sustituimos por un líder transformador, la empresa encontrará entre sus miembros a muchos propulsores de la innovación y a generadores de riqueza para toda la organización, incluyendo sus accionistas y *stakeholders.*

El líder transformador es emocional, trasmite creencias, valores y visiones colectivas capaces de generar ilusión en un proyecto compartido. Con este planteamiento creará equipos (células) de crecimiento conectadas y estructuradas bajo su mando, a las que nunca impondrá decisiones jerárquicas ni interferirá en las decisiones horizontales del grupo (célula).

De esta forma, el líder emocional se convierte en una autoridad moral a la que seguir. El proyecto compartido es la gasolina. Y la alineación al objetivo común es el principal eje organizativo y la clave del éxito.

El *líder teal* o el *líder capital-humanista,* o cualquier otra denominación al uso del *management* moderno, es el factor de crecimiento y sostenibilidad para cualquier organización del siglo XXI. El *líder esmeralda* busca la autorrealización de todos a través de un trabajo creativo y comprometido donde todos quieran trabajar y donde todos quieran ganar juntos. Es lo más parecido a un equipo de fútbol o a una escudería de Fórmula 1.

Los retos del siglo XXI están ahí. La flexibilidad ante el cambio continuo, la transformación digital, el mestizaje generacional son piezas que no se pueden gestionar con un modelo mecanicista o con un modelo paternalista, como sucedía en el siglo XX.

El siglo XXI es el siglo de las emociones. Por ello no podemos entender el liderazgo sin asumir la existencia de un líder transformador con principios éticos y cesiones emocionales a su equipo como ejes del éxito empresarial.

EL LÍDER QUE
ESCUCHA LA OLA

¿Eres de los que corren o de los que se paran a escuchar las olas? «Si dejas de pedalear, te caes de la bicicleta». Así comenzaba su receta mágica del liderazgo un profesor amigo. Para miles de pedagogos del *management,* el ideal de vida es ese *perpetuum mobile* que te hace estar en el cambio cuando se produce, que te hace coger la ola en su cénit. ¡Hombres de acción!

Sin embargo, algunos pensamos que «no por mucho madrugar, amanece más temprano». La pausa es necesaria para decidir hacia dónde encaminamos la acción. En la sociedad acelerada en la que vivimos, muchas organizaciones corren como pollos sin cabeza por conseguir pan para hoy pero descuidando el caladero del que extraen sus resultados.

¡Como una ola! El mundo está cambiando y hay que pararse a escuchar la ola. La creación en 1989 de la *World Wide Web* inauguró la revolución digital. Ese nuevo mundo interconectado y multipantalla está afectando a nuestra percepción de la realidad, cambiando nuestros procesos cognitivos y alterando radicalmente las relaciones sociales, afectivas, económicas y políticas. Y todo sin tiempo para procesarlo.

No es tecnología, es una mutación genética. Son los *millenials* y los Generación Z. Una nueva sociedad autodidacta (el 33% aprende vía tutoriales en Internet) que ha crecido en un contexto incierto marcado por la crisis y que tiene una manera diferente de ver el mundo, asumiendo la diversidad y los cambios de roles como algo natural, sin ataduras materiales.

Los Z apuestan por la privacidad. Snapchat, Secret y Whisper son su símbolo, ya que han aprendido los riesgos de compartir todo en Internet. Los jóvenes Z son supervivientes de un contexto difícil que los ha hecho autosuficientes y creativos. Ellos no son el futuro, son el presente.

Escuchemos esa ola que ya nos llega hasta la cintura.

EL LÍDER QUE CONVERSA

El ejemplo es el mejor discurso y el que menos palabras utiliza, pero liderar exige también aprender a generar conversaciones de alta calidad con tus seguidores y equipos para ayudarles a descubrir quiénes podrían ser y a conectar con la energía que necesitan para comenzar a transformarse.

La sociedad de la información murió con el siglo XX y se transformó en la sociedad de la conversación en el siglo XXI. Esa conversación es permanente y polivalente con las personas que queremos, con amigos, con compañeros de trabajo y hasta con desconocidos que tenemos en nuestros grupos de WhatsApp, Facebook, LinkedIn, Instagram, Pinterest, Twitter, Snapchat, Periscope, Messenger, etc.

Las decisiones de compra pasan por conocer las opiniones de otros (desconocidos que incluso pudieran ser avatares irreales). Lo hacemos con Tripadvisor para viajes, destinos y hoteles, pero también con El Tenedor para los restaurantes o con Atrápalo para los espectáculos y escapadas. Y si nos paramos a pensar, con los buscadores y comparadores de seguros, finanzas, coches, rebajas, etc. Necesitamos la conversación para tomar decisiones de compra.

Sucede igual en el ámbito del trabajo. Esas mismas personas que conversan para todo en el día a día son los que trabajan a nuestro lado codo con codo. El hábito de la conversación lo trasladan también a las decisiones profesionales. Quieren reconocimiento, autoafirmación, aportaciones, asentimiento y comentarios a su trabajo.

No es malo que así suceda. Esos contextos laborales de conversación son ricos en ideas, sugerencias, creatividad, innovación, disrupción. No todo vale, es cierto, pero muchas cosas constituyen valiosos puntos de vista novedosos que pueden hacer girar una estrategia comercial o el diseño de un nuevo servicio.

La conversación ha venido para quedarse. Ha reinventado la sociedad de la información, el dato y el comentario. Ahora todos somos conversadores en búsqueda de lo mejor. Aprovechémonos de este nuevo paradigma.

EL LÍDER QUE RIEGA LAS SEMILLAS

Liderar es soñar despierto. Tener una visión y compartirla, comunicarla y convencer a todos de que se trata de una meta común.

Liderar es conducir a la organización hacia aquellos objetivos colectivos porque así lo desean sus miembros. Pero esto, ¿cómo se consigue?

Regando semillas. Esa es la receta del maestro. El líder debe ser el jardinero visionario que mira en el espejo del otro y ve más allá. Descubre las simientes ocultas tras la corteza en la que todos nos ocultamos. No mira el talento visible o el aspiracional sino el talento oculto para todos: el embrionario, ese que es desconocido incluso para uno mismo.

El líder emocional desarrolla su visión trascendente para ver más allá. Se dota de la visión de Miguel Ángel, que descubría detrás de cada marmolillo esa pieza maestra que puede llegar a ser si con el poder de la confianza regamos y hacemos germinar esas semillas innatas y ocultas en la personalidad de cada miembro de un equipo.

Cada persona lucha diariamente con tres especies emocionales en peligro de extinción aunque permanentemente omnipresentes: sus sueños, sus deseos y sus necesidades no satisfechas.

¿Tenemos oportunidad de incluir entre esos sueños, deseos y necesidades los objetivos de la organización en la que trabajamos? ¿Podemos motivar, emocionar y comprometer tanto a nuestros compañeros de viaje en la empresa como para que hagan suyos nuestros sueños, deseos y necesidades?

¿Y si hubiera un líder emocional que nos conociera bien, que supiera vernos como diamantes en bruto?

Debemos sacar tiempo para ver personas donde otros ven empleados, subalternos, colaboradores, peones de ajedrez. ¡Saquemos tiempo!

«Mira más allá de lo que ves». Se lo decía Rafiki a Simba en *El Rey León*. El consejo del «mandril-coach» se aplica también a nuestras vidas.

Porque somos diamantes en bruto y el trabajo del líder emocional no es solo alcanzar objetivos gestionando recursos, sino implicar a las personas en el camino que él transita.

Creación y creatividad son habilidades para imaginar, crear y proponer... ¡para liderar!

Hay que crear un modelo racional vestido de una estrategia emocional.

Es la visión del líder. Hay que mirar lejos. Creemos metas y escenarios futuros con habilidades para configurar y conseguir llegar a la idea imaginada. Para ello contamos con tres herramientas fundamentales:

- Pensamiento positivo
- Pensamiento creativo
- Pensamiento colectivo

Liderar es imaginar el sueño común al que nosotros le daremos forma, incluyendo los anhelos, los objetivos y las potencialidades de todos.

Crear es integrar. Componer ramilletes de flores diversas pero que generen valor de grupo.

Liderar es soñar despierto, con capacidad de aplicar y ejecutar.

El sueño tiene que tener emociones y motivaciones. No es gestionar por objetivos sino cogestionar metas desde el interior al exterior.

Mira más allá de lo que ves. Busca el talento oculto escondido en la organización y en sus personas; no lo que son, sino lo que pueden llegar a ser.

¿Retrato o espejo? Visión de futuro, anhelo de líder.

Liderar no es gestionar. Liderar es soñar despierto mientras riegas las semillas.

EL LÍDER ATRAPA-SUEÑOS

Así nació el algoritmo de Google o la formulación de la tabla periódica. El sueño es catarsis y alumbramiento. «Cuando aparece un gran sueño, atrápalo», aconseja Larry Page, el mago de Google que tuvo su sueño una noche en la Universidad de Stanford en los años 90. Su visión se hizo realidad con su algoritmo de 200 variables y con Alphabet Inc., la matriz de Google convertida en la mayor empresa del mundo.

La vida es soñar despierto. Y si los sueños se cumplen, la realidad se transforma. Pero no hablamos solo de ilusión, sino del poder atrapa-sueños. Hasta en los mercadillos medievales venden promesas de magia: llamador de ángel, atrapa-sueños... Pero una buena libreta y un bolígrafo pueden convertirse en la herramienta mágica que capture la ideación onírica. Si Picasso aconsejaba que la inspiración te llegara trabajando, nosotros aconsejamos que el sueño te despierte con papel y lápiz para atraparlo.

Durante las distintas fases del sueño, nuestro cerebro se desfragmenta, se «resetea», se reinicia y se transforma en inteligencia disruptiva capaz de resolver los más complejos puzles con las más inverosímiles variables aleatorias que durante el día nos parecerían opciones disparatadas. Decía Arianna Huffington que «*durante el sueño las neuronas del cerebro se reorganizan, por lo que podemos encontrar soluciones donde antes solamente había obstáculos*».

El llamado sueño reparador es capaz de conectar el *big data* que durante el día almacena y durante la noche procesa. Un neurólogo de Harvard asegura que los emprendedores que duermen bien tienen un tercio más de posibilidades de conectar ideas no relacionadas en apariencia.

La receta parece nueva cuando se la adorna de palabras como *big data*, pero el concepto es tan milenario como la Humanidad. De hecho, la teoría económica de los ciclos fue formulada en un sueño hace más de tres mil años. Un faraón tenía una pesadilla recurrente a la que no sabía dar explicación. No podía llamar por teléfono a Simon Freud porque tardaría muchos siglos aún en nacer, por lo que recurrió a un esclavo extranjero de nombre José.

Y este, al oír el sueño del faraón egipcio, enunció la teoría de los ciclos económicos que cualquier hombre de campo recuerda: «a doce vacas opulentas sucederán doce vacas flacas». Y así, el faraón acopió grano y recursos durante los doce años de bonanza para luego consumirlos en el ciclo de carestía. Así pues, sueño y economía, predicción e invención son componentes imprescindibles pero poco cuidados por los líderes de todos los tiempos.

La ilusión, el proyecto o los ideales son los sueños nocturnos que arrastramos a la vigilia, pero siempre detrás de cada gran hombre –empresario o poeta– existe ese placer de «anoche tuve un sueño, y esta mañana tengo la voluntad de hacerlo realidad». ¡*Sic transit*!

EL LÍDER S.A.N.O.

Liderazgo no es dominación. Nada ha hecho más daño al liderazgo que *50 sombras de Grey*. Muchos salen de la película preguntando dónde comprar látigos o bolas chinas. Otros creen que ser millonario conlleva tener una sala de sadomasoquismo y una amante servil. Y, peor aún, creen que ser jefe es lo mismo que ser autoritario.

¡Mentira! El líder sano es *mens sana in corpore sano*, porque cuando estamos contentos con nosotros mismos somos más felices y eficaces. Y proyectamos nuestra alma en flujos positivos que generan un clima de organizaciones «felicaces».

¿Cómo conseguirlo? Hay recetarios extensos y gurús como Daniel Goleman. Nosotros aconsejamos la Escuela de Liderazgo Emocional de la doctora Elsa Martí-Barceló, que sigue la estela de la saga española de los psiquiatras López Ibor.

Y propongo mi propio resumen ejecutivo del liderazgo S.A.N.O.:

- *Sonríe*: Antes de salir de casa saluda con una sonrisa al espejo y repite en el ascensor. Ya puestos, sigue saludando al llegar al trabajo. Así generamos serotonina, una hormona sedante y antidepresiva relacionada con el estado de ánimo y la vigilia. Y quizá también aumentemos la endorfina de la felicidad y la motivación.

- *Ayuda*: Porque es mejor dar que recibir. Primero ofrezcámonos, para luego pasar a poner los objetivos y los encargos del día a día. Y, además de ayudar, agradece y pide perdón cuando sea oportuno. No es la trilogía del buenismo, sino el pódium de las buenas personas, los buenos líderes.

- *Neuroliza*: Al igual que los *Men in Black*, lleva siempre preparado tu «neurolizador» que borre de tu mente los momentos extraterrestres. Olvida las malas experiencias y deseos, rencores y *vendettas*, quien te cae mal o es enemigo. ¡Hay que generar pensamiento positivo! Las emociones afectan a nuestra atención y a nuestro rendimiento.

- *Objetiviza*: Antes de tomar una decisión o entrar a una reunión, medita unos segundos para ponerte en situación. Como el saltador que visualiza el salto antes de tomar carrerilla: sonríe, agradece, piensa en positivo y, entonces, plantéate el objetivo. Tienes que tener un objetivo visibilizado para tu vida, tu familia y tu trabajo, para cada trimestre, cada semana y cada día. Sin ser obsesivo en su consecución, pero sí tenaz en la búsqueda.

¡Liderazgo S.A.N.O.!

EL LÍDER QUE NO ESPERA A VER CAER LA MONEDA

Seguro que no eres así. Si tiras una moneda al aire, ¿esperas a que caiga?

Sabes que pueden pasar varias cosas:

1. Sale la cara que querías para aumentar tu satisfacción y autoestima. «¡Estoy en racha!»

2. Sale la cruz que no querías, para tu superación y resiliencia. «*¡Ya tengo identificado al enemigo!*»

3. Sale «borracho», porque la moneda no quedó plana. Es esperanza y lucha. «*¡Aún tengo la oportunidad!*»

4. Después de lanzarla al aire no la encuentras porque cayó en arena, río, charca, rejilla… o fue robo o extravío. Exige fortaleza y compromiso. «*¡Estaba escrito que esto lo tengo que solucionar yo, no el azar!*»

5. Pasas y ni buscas la moneda para ver el resultado. Es soberbia y autocomplacencia. «*¡Si quieren algo, que me busquen!*»

Quizá os hayáis sorprendido con la opción 4, pero seguro que os habréis reído con la opción 5 y habréis pensado: «*¡valiente cretino!, ¡qué hijo del gran ego!*»

Sin embargo, si os paráis a pensarlo, la mayor parte de las decisiones que habéis tomado en las últimas veinticuatro o cuarenta y ocho horas se han regido por este paradigma: antes de recibir la pregunta, ya dimos la contestación.

En la oficina nos pasa que los informes, las opiniones del equipo y las propuestas de proveedores llegan a nuestra mente después de tener tomada la decisión sobre las mismas.

En la familia decimos que escuchamos, pero eso es así solo si validan lo que queríamos conseguir. En caso contrario, lo refutamos vehementemente.

Y hasta con el camarero o el taxista nos aflora el pensamiento negativo del «ya sabía yo que se iba a equivocar».

En resumen, no lancemos monedas al aire si no estamos dispuestos a fortalecernos con su augurio, cualquiera que este sea, porque siempre hay una interpretación positiva del mismo.

Y, sobre todo, aprendamos a escuchar, que es un proceso mental de aceptación y humildad que, además de preguntar, exige comprometerse con la respuesta del otro.

¡Sé feliz y aumenta tu escucha interior!

LOS TRES MONOS DEL LIDERAZGO

Me lo dijo un mono el otro día. Los secretos del liderazgo no están escondidos en los MBA o en los PADE de las selectas escuelas de negocios. Allí no fueron ni Steve Jobs ni Mark Zuckerberg. Hay lecciones de Jobs que los directivos menos brillantes nunca podremos seguir, como que no hagamos caso a los expertos, ni a los clientes porque ellos no saben ni lo que quieren ni lo que ha de hacerse; ese consejo solo aplica a genios como Jobs. Pero yo propongo hoy una receta centenaria que podemos aprender de la cultura japonesa: los tres monos sabios.

Mi enseñanza de hoy está en esos tres monos sabios japoneses: *Mizaru* (no ver), *Kikazaru* (no oír) y *Iwazaru* (no decir). Porque el que calla, sí que mira a su alrededor; el ciego, escucha a todos; y el sordo, aprende y calla. Igualmente: miremos, oigamos, callemos y reflexionemos sobre las enseñanzas que nuestro entorno nos brinda. El líder que observa, escucha y aprende en silencio es capaz de anticipar cambios, innovar nuevos servicios, transformar su compañía y ver más allá.

Los tres monos que lleva el líder en su interior representan también tres ámbitos de la persona que tienen que estar en equilibrio: mente, espíritu y cuerpo. Kraemer habla de auto-reflexión, equilibrio, confianza y humildad para definir las cuatro potencias interiores del espíritu del líder. Eso que representa *Mizaru*, el mono ciego, el que no necesita los sentidos para desarrollar auto-reflexión, equilibrio, confianza y humildad.

La mente es la que genera eficacia y eficiencia, la que se anticipa y la que transforma. El mono que tapa sus oídos concentra su mente en la resolución de los conflictos. En nuestra estructura de la personalidad miles de hilos se alinean para generar automatismos de decisión por herencia, genética, cultura o aprendizaje. Las estructuras mentales que condicionan nuestra visión de la realidad e imponen acciones prefijadas en nuestra mente hacen que *Kikarazu*, el mono que tapa sus oídos, sea un animal poderoso en el interior de nuestra mente, la que analiza, decide y actúa.

Por último, solo hay *mens sana in corpore sano*. Por eso el tercer mono nos habla de la armonía con la parte somática de la persona. *Iwazaru* es el mono que calla, porque para hablar ya está la mente, para sentir y anhelar ya está el espíritu, mientras que para soportar el estrés y la fatiga está el cuerpo. El mono que guarda silencio soporta la carga del trabajo en armonía con los otros dos monos, con el espíritu y con la mente.

Esta trilogía del líder como una persona plena en armonía y equilibrio interior supone la base del liderazgo efectivo. Las decisiones se toman en armonía, el aprendizaje se asume en equilibrio interior. Pongamos a los tres monos sabios en nuestra vida para que orienten nuestro día a día con la sabiduría interior de Sun Tzu, quien dijo: «*Cuando eres capaz de ver lo sutil, es fácil ganar*».

RESILIENCIA, EL PARACETAMOL DE LA MENTE

Siempre me ha impresionado la historia personal de Christopher Reeve (*Superman* en la gran pantalla) después del accidente que le dejó parapléjico. La manera en que junto a su mujer encaró su vida, convirtiendo su particular cruz de sufrimiento y dolor en una fuerza motivadora, sigue siendo un ejemplo de lo que la actitud y la determinación pueden hacer de una persona.

Superman, el héroe, quedó disminuido frente al hombre de acero de verdad que anidaba en su espíritu humano. Y esto en definitiva es resiliencia, porque se sacan fuerzas y resistencia de donde al principio parecía que no las había o a lo que se le pedía a esa persona afectada y traumatizada; ella creía que era imposible hacer ningún cambio para mejorar.

¿Qué pasa cuando se olvida, pero poco a poco se va recuperando la memoria? Es una situación habitual que se da en casos de «síndrome postraumático», por el cual se producen amnesias a veces temporales, otras más largas, que son en realidad un mecanismo de defensa de la mente que nos prepara para volver a procesar lo ocurrido y digerirlo (aceptarlo).

La Real Academia Española de la Lengua define a la *resiliencia* como la capacidad humana de asumir con flexibilidad situaciones límite y sobreponerse a ellas. Pero cuando tenemos que ahondar en las profundidades de la mente, la psicología amplía el alcance del término, ya que no solo gracias a la resiliencia somos capaces de afrontar las crisis o situaciones potencialmente traumáticas, sino que también podemos salir fortalecidos de ellas. Y no se conoce adaptador más poderoso que nuestra capacidad mental, que se acomoda siempre a las nuevas circunstancias por más adversas que estas sean.

De ahí que las personas resilientes, además de superar las situaciones extremas en las que las ha puesto la vida, vayan un paso más allá y utilicen su experiencia traumática para crecer y desarrollar al máximo su potencial.

Es de particular interés focalizar la resiliencia también como un fenómeno sociológico. Porque a nivel macrosocial, ante un factor traumático y devastador como puede ser una guerra civil o el poder letal de un tsunami, los pueblos afectados también tienen que desarrollar el Christopher Reeve que todos llevamos dentro.

Esa capacidad de aguante y superación de los pueblos y las naciones ante las catástrofes tiene su raíz en la voluntad sin límites del ser humano de proteger a los que nos suceden. Así pasó con el pueblo judío durante el Holocausto y así sucede con los refugiados sirios que buscan ahora un palmo de tierra de libertad sin balas en Europa.

Las sociedades también sufren y vuelven a levantarse, porque la resiliencia a escala social es la capacidad de superación, al mismo tiempo que estar preparados para afrontar mejor el futuro sin traumas ni complejos.

Japón, después de Hiroshima y Nagasaki, logra en los años 80 del siglo pasado colocarse en el *ranking* número uno como potencia económica y tecnológica, peleándole un año sí y otro también, la envidiable *pole position* del mundo desarrollado a los Estados Unidos.

¡Cómo fue posible lograrlo! La filosofía y la cultura oriental enseñan que los grandes sacrificios y traumas vividos no son más que la señal que marca el camino de la recuperación y un futuro de dicha y felicidad. Que hay que saber interpretar ese aviso.

Cuando el enviado del emperador Hirohito asiste en el acorazado Missouri, en el puerto de Tokyo, a la firma de la rendición incondicional de Japón frente a las tropas aliadas que presidía el General McArthur, dijo: «*Hoy estamos vencidos, pero en cien años seremos los primeros*». Se quedó corto, porque en treinta y cinco años estaban en el mismo nivel de potencia económica que los norteamericanos.

En definitiva, sea a nivel individual o social, la clave para superar el daño causado que vive en el alma y espíritu del ser humano es abrir la puerta al futuro permitiendo que la sonrisa vuelva al rostro y el sentimiento de culpa quede disminuido frente a la fuerza motivadora de la ilusión y la esperanza.

Hemos de tenerlo claro: la resiliencia no significa en absoluto no sentir malestar o dolor emocional. Ni tampoco dificultad ante la adversidad.

Resiliencia es la capacidad de asumir ese dolor, aceptarlo y aprender de él. De ahí que sea importante también saber cómo gestionar las emociones, porque son la respuesta para sobrellevar el sufrimiento del mejor modo posible.

La resiliencia es un proceso que requiere mucha paciencia y autoconocimiento. Pero la buena noticia es que una vez dominado y comprendido, las personas se sentirán con la capacidad para asumir los nuevos retos que les presente la vida.

Los niños que han sufrido conflictos armados y desplazamientos masivos serán hombres de negocios y ciencia el día de mañana, siendo la resiliencia social el único factor que a la larga les permitirá vivir en un mundo sin guerra.

TERCER ACTO

EL VIAJE INTERIOR

EL «POSTUREO» DEL MISIONERO

De repente, todas las empresas tienen un propósito. ¿Os habéis dado cuenta? No hay líder que no tenga una misión que cumplir. Se ha puesto de moda. El propósito es el nuevo marketing. La última técnica para vender más. Así que, ¡cuidado! No es propósito todo lo que reluce, también hay mucho «postureo» del misionero. No pienses mal, solo quiero que aprendas a descubrirlo.

Todo empieza con un *porqué*. Tal cual. Con una charla TED que ha cambiado lo que se lleva en el mundo de la comunicación. Simon Sinek, un inglés que se dedica a dar conferencias sobre liderazgo, se hizo famoso por descubrir el *círculo de oro* de la comunicación. Sí, es el tipo de los tres círculos. Seguro que lo recuerdas. Es el tercer vídeo más visto en la historia de TED[1]. Hay una razón: explica el secreto de los líderes que inspiran a la acción.

Imagina un círculo. Dentro, otro más grande. Y, luego, otro más grande todavía. En total, tres anillos. Como una diana. El círculo más amplio, el exterior, es el de los *qué*. El círculo intermedio es el de los *cómo* y el círculo interior es de los *porqué*. ¿Fácil de entender?

Y, ahora, la receta que diferencia a un líder inspirador de ese jefe por el que te fuiste de aquel trabajo. Sí, reconócelo; no dejaste el trabajo; aquello fue un divorcio en toda regla.

¿Recuerdas cómo quería las notas de prensa? «*Ponlo todo. ¡Qué no falte ni una funcionalidad! Sí, que quede bien claro todo lo*

---

1   www.ted.com/talks/simon_sinek_how_great_leaders_inspire_action

que hacemos y no ofrece la competencia. Y bien explicadito, para que se enteren nuestros clientes».

Sinek, que también debió sufrir a varios, se dio cuenta de que todos los líderes del montón comunican igual (de mal).

Empiezan hablando de todo lo que hacen: «Hacemos los ordenadores más rápidos del mercado, con el nuevo un microprocesador de ocho centros». Es el círculo del *qué*.

Y luego se explayan sobre cómo lo hacen, con todos los detalles: «Los nuevos procesadores son súper silenciosos, no se calientan y son un 37% más rápido que el resto del mercado». Es el círculo del *cómo*.

Por último, algunos, los menos, llegan al círculo del *porqué*. Aunque tampoco hace falta; como el valor en la mili, se supone: «Pues, para ganar más dinero, ¿no? ¿Para qué venimos a trabajar, sino?»

Vamos a ser sinceros. De fuera a dentro, la comunicación es de hojalata, no sirve para nada; bueno, para hacer más ruido. Otra nota de prensa que acabará en la papelera.

Sinek descubrió la alquimia comunicativa de los líderes inspiradores, los más grandes. Los que comunican de dentro hacia afuera: lo primero de todo, el *porqué*, luego los *cómo* y, finalmente, los *qué*.

Si la idea no había quedado clara, puso el ejemplo de Steve Jobs. Ya sabes: Jobs es a los negocios lo que Michael Jordan al baloncesto... el jugador que a todos nos gustaría ser. Si dices que Jobs hacía algo, todos los ejecutivos del mundo lo querrán imitar. Somos así.

¿Cómo comunicaba Jobs? Empezó explicando su *porqué*: por qué existe Apple, cuáles son sus creencias, por qué a la gente le tienen que importar los ordenadores de la manzanita mordida. *«En todo lo que hacemos, creemos en el cambio del status quo. Creemos en un pensamiento diferente».*

Luego, explicaba el *cómo*: *«La manera en que desafiamos el status quo es haciendo productos muy bien diseñados, sencillos y fáciles de usar».*

Por último, el *qué*: «*Sencillamente, hacemos ordenadores geniales*».

El resto ya lo sabes. Gente sin dormir toda la noche esperando que abran por la mañana para comprar los primeros el nuevo ordenador, o el último teléfono, de Apple. ¡No me digas que eres uno de ellos!

Sinek remataba toda su charla con la siguiente conclusión: «*La gente no compra lo que uno hace; la gente compra el porqué uno lo hace*».

Otro ejemplo. Fíjate en los anuncios de los últimos coches que han salido al mercado: sistema de aparcamiento manos libres; desde hace veinte años, híbridos gasolina-electricidad, con 3.000 euros en equipamiento de regalo. Y como no sabes cuál comprarte, le preguntas a tu *cuñao*. Tanto criticarle y terminas comprándote el coche que te recomienda. Ya tienes tema de conversación para las próximas navidades.

¿Qué hace un líder que inspira a la acción? Usaré el mismo truco de Sinek. Te voy a hablar de Elon Musk, el nuevo Steve Jobs.

Primero te cuenta su vida y sus creencias (su *porqué*): «*Cuando era adolescente, tuve una profunda crisis existencial. Me dediqué a investigar sobre el alma. Leí a los grandes filósofos: Hegel, Schopenhauer, Nietzsche. Llegué a la conclusión de que debemos aspirar a aumentar la escala de la consciencia humana*[2]».

Luego, te dice *cómo* lo hará: «*Internet, la energía renovable y la exploración espacial son las vías con mayor potencial para producir un mayor impacto. Internet puede servir como sistema nervioso mundial; la energía renovable puede expandir el espacio de tiempo necesario para que la Humanidad intente hacerse las preguntas adecuadas antes de lanzarse a la catástrofe económica o ecológica, y la exploración espacial puede servir de respaldo a la vida misma*».

Y finalmente *qué* ha hecho. Creó la plataforma para pagos *online* Paypal, la empresa de energía solar SolarCity, coches eléc-

---

2   Dilts. R. B. *Nueva generación de emprendedores: vive tus sueños y crea un mundo mejor a través de tu empresa*. Ed. El grano de mostaza. 2017. Pág. 41 y ss.

tricos con Tesla Motors y una empresa de viajes espaciales, Spacex, para viajar a la Estación Espacial Internacional. Pero, como lo de la Luna queda un poco lejos lo cambia por Hyperloop, un transporte para pasajeros y mercancías en tubos al vacío a 1.200 kilómetros por hora. De Madrid a Barcelona en media hora.

La venta de coches Tesla, auténticos *iPhones* con ruedas, tiene lista de espera. La gente se pega por ser los primeros en conducirlos. El otro día se puso uno delante de mí y lo seguí durante unos minutos. No le hice una foto porque iba conduciendo y me podían multar. Es que es un coche que aumenta la escala de consciencia humana. Contemplarlo es toda una meditación. Conducirlo debe ser… la iluminación.

El *círculo de oro* de Sinek es una representación gráfica de la manera en que trabaja nuestro cerebro. En realidad nuestros tres cerebros, según la teoría de Paul MacLean. El primero es el cerebro reptiliano, el más primitivo, el que nos permite respirar. Se centra en el aquí y el ahora. Actúa por impulsos, como el miedo.

El segundo cerebro es el límbico. Es el almacén de nuestros recuerdos y emociones. Nuestra memoria afectiva. El tercero, y más reciente, es el neocórtex: la capa más exterior. Es el cerebro racional frente a las dos capas anteriores, que son la emocional y la inconsciente.

Este es el motivo por el que la comunicación de los líderes inspiradores se produce de dentro a afuera. Primero se dirigen al cerebro más primitivo, al de los impulsos (el cerebro del *porqué*), luego al cerebro de las emociones (el del *cómo*) y, por último, a las razones (el del *qué*).

A estas alturas te estarás preguntando por qué te has comprado un libro que te cuenta lo que puedes ver en un vídeo de *Youtube*. Esto es solo el aperitivo del menú completo que viene ahora (dos platos y postre) para que descubras lo que diferencia a un líder del siglo XXI que inspira a la acción. La gran mayoría de libros sobre liderazgo hablan del *qué* y del *cómo*. Este acto va de los *porqués*. Lo que (casi) nunca se cuenta. Es su propósito. Así que ¡adelante! Tienes una mesa reservada a tu nombre.

Por cierto, hay algo fundamental que se le olvidó contar a Simon Sinek. Hay otro ingrediente imprescindible cuando hablamos de liderazgo: la cultura. Y el resultado no es otro círculo, sino un cuadrado: la «cuadratura del *círculo de oro*». Es nuestro primer plato.

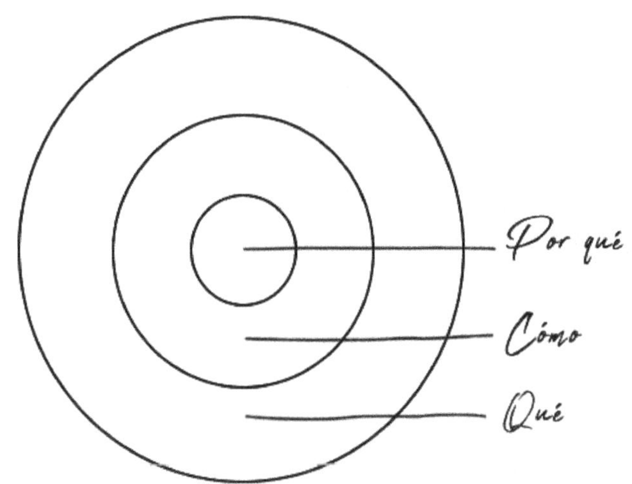

LA CUADRATURA DEL CÍRCULO DE ORO

¿Te ha gustado nuestro aperitivo? El *círculo de oro* de Sinek es el toque secreto que usan para comunicar los líderes motivacionales. Pero tenemos que darte una mala noticia. Para el liderazgo no termina de funcionar. Se requieren otros ingredientes que te vamos a ir presentando. ¿Te has dado cuenta de que mucha gente sigue a sus líderes por lo que hacen? Son su ejemplo. Los siguen por el *cómo*. El *cómo* también es importante a la hora de liderar.

En realidad, la receta básica del liderazgo contiene el *qué*, el *cómo*, el *porqué* y un cuarto ingrediente: el entorno, la famosa cultura de una organización. Cuando los cuatro se combinan correctamente y están alineados, el resultado es un bocado delicioso: la «cuadratura del *círculo de oro*».

Si no te crees que hay que añadir la cultura a la receta del liderazgo y piensas que el *círculo de oro* es suficiente, recuerda la frase más famosa en las agencias de marketing y comunicación: *«La cultura se come las estrategias para desayunar»*. Lo pueden decir Steve Jobs, Elon Musk o Rita *la cantaora*. Si tu propósito (tu *porqué*) no está alineado con tu forma de actuar (el *cómo*), con lo que ofreces (el *qué*) y con la visión del mundo que tienes (la cultura), ya sabes lo que eres: otro cocinero de comida rápida. Y tu empresa… otro restaurante de comida basura.

Ya puedes decir que tu misión es ayudar a la mejora tecnológica de las personas y te puedes gastar una millonada en publicidad. Si tus clientes llegan a tu restaurante y se encuentran cajas amontonadas por el suelo o tienen que esperar largas colas en plena era digital, estás… para que te haga una visita Chicote. Sí, es su especialidad: sitios sucios y servicio deficiente.

Aunque cambies cuatro veces de director de comunicación, tus clientes no te verán como innovador, por mucho que uses el *círculo de oro*. La cultura de tu empresa dice todo lo contrario. Es una cuestión de coherencia. La solución no está en la comunicación, está en su cultura. Y esta sí es responsabilidad directa del líder.

Entonces, ¿por qué el *círculo de oro* de la comunicación sí funciona con Steve Jobs o con Elon Musk?

Antes de contestar piensa en la última vez que estuviste en un *Apple Store*. ¿A que es una tienda distinta a las demás? Te dejan tocar todo lo que quieras, jugar con los cacharros. Los han puesto en una mesa para que sea más fácil. También tienen una academia. Los vendedores no te preguntan qué quieres comprar, sino qué es lo que no entiendes. Parecen *coaches*. Y no te digo nada si compras. Te mandan la factura a tu *mail*. Bueno, esto los que somos poco tecnológicos. Si eres un *superfriki* de la manzanita, compras directamente desde la *app* de tu móvil. Una pasada. Compra *cuasi-online* en el mismo *retail*. Toda una experiencia innovadora de compra. Entonces sí te crees eso que te dicen de que piensan diferente y todo lo demás. Te lo demuestran. Lo que dicen es coherente con lo que hacen. No te chirría. Sus mensajes están alineados.

Lo llevan en su ADN, en la cultura de la empresa. Y no me refiero a sus acciones de RSC o a sus mensajes de publicidad. La cultura son las cosas que se hacen sin que la gente tenga que pensarlo. Y es un reflejo de lo que piensan sus líderes y de la visión que tengan. Por eso te decía que el entorno sí es responsabilidad de un líder, quien más influye en la cultura de la empresa. Así es arriba, así es abajo.

¿Te interesa? Es el momento de servir nuestro primer plato, el *Marco integral AQAL*, una receta cuyo producto estrella es el entorno. Su autor es Ken Wilber, uno de los mejores filósofos del momento. Creó la *Teoría Integral*, que sirve para explicar prácticamente todo. Cualquier fenómeno se puede ver desde cuatro lados. Por eso todo el mundo lo pide por su nombre popular: la *teoría de los cuatro cuadrantes*. Te haré un croquis.

<table>
<tr><td>Interior
individual</td><td>Exterior
individual</td></tr>
<tr><td>Interior
colectivo</td><td>Exterior
colectivo</td></tr>
</table>

Todo se puede dividir entre aquello que podemos medir (a lo que llamaremos *exterior*) y lo que no podemos medir (son los famosos intangibles, aunque Ken Wilber lo llama *interior*). Un ejemplo: los goles que mete tu equipo o los balones que pierde, es algo medible, exterior. La manera en que juega no se puede medir, es intangible, interior. Tus procesos y tus comportamientos se pueden medir, pero lo que crees y tu cultura, no.

Además, podemos hacer una segunda clasificación: si una cosa sucede aisladamente (perspectiva individual) o si está dentro de un contexto más amplio (perspectiva colectiva). Si un amigo te pide que lo invites al desayuno porque le han robado la cartera, eso es un hecho aislado (individual). Si te pide que lo invites todas las semanas es, en el sentido más amplio, un gorrón (colectivo). Lo primero ocurre de forma casual y lo segundo de forma sistemática. ¡Así que vete pensando en cambiar de amigo!

¿Y esto que tiene qué ver con el liderazgo? Mucho, como te vamos a demostrar.

En el libro *Reinventar las organizaciones*[3], su autor, Frederic Laloux, puso nombre a lo que significa cada uno de los cuatro cuadrantes: creencias, comportamientos, procesos y cultura. La mejor forma de entenderlo es de nuevo con un ejemplo. Comencemos con una creencia cualquiera: «lo que le motiva a la gente es el dinero» (perspectiva interior e individual).

Lo más habitual es que los líderes que piensan así, que tienen esta creencia, fijen objetivos (supuestamente, ambiciosos) entre los miembros de sus equipos y les ofrezcan un sistema de premios en metálico (se supone que motivantes) si los cumplen: los famosos *bonus*. Como los objetivos son algo medible y aplicable de manera colectiva a todos, estaríamos en el cuadrante de la perspectiva exterior y colectiva, es decir, la de los procesos. Por eso la famosa *evaluación del desempeño* está tan implantada en muchas empresas.

El que tiene la creencia de que el dinero motiva a la gente está constantemente jugándose los cuartos por las cosas más diversas: una partida de póker, un partido con los amigos, una comida, el pincho de tortilla del desayuno. Es su comportamiento competitivo (perspectiva exterior e Individual).

El resultado de tener la creencia de que lo que motiva es el dinero, unos procesos que incitan a la consecución de premios y trabajadores con comportamientos competitivos se refleja en la cultura de esa empresa. ¿De qué manera? Pues en una gran competencia interna, en la que estarán mejor vistas las personas individualistas que las colaborativas y en la que el valor de un trabajador se fijará en función de lo que sea capaz de ganar. *Tanto ganas, tanto vales*. ¿Te suena?

Voy a ponerte el ejemplo de otra empresa en la que trabajé hace algunos años. Los accionistas tenían la creencia de que la

---

3   Laloux. F. *Reinventar las organizaciones*. Arpa. 2ª edición. 2015. Pág. 255 y ss.

mejor manera de motivar a las personas era fomentar la competencia interna. Para ello procuraban, como sistema, que cada trabajador tuviera siempre su antagonista: otra persona con la que pelearse (esto, casi literal) por lograr los mejores resultados. Eso provocaba que la gente fuera profundamente desconfiada con lo que decía o hacía delante del resto. Eran muy habituales comportamientos como salir al pasillo para hacer ciertas llamadas de teléfono, murmullos a las espaldas en los baños, contubernios clandestinos, reuniones privadas en las redes sociales para compartir con otros compañeros lo mal que estabas. El resultado final era una cultura de empresa que tenía a todo el mundo desquiciado. Aunque en general todos eran muy buenas personas y llevaban una sonrisa de oreja a oreja, el mal rollo se respiraba por todos los lados. Imagínate la alegría que me llevé cuando pude salir de allí. Gracias a Dios.

Si te fijas, la *teoría de los cuatro cuadrantes* es un plato elaborado con los mismos ingredientes del *círculo de oro* de Sinek, a los que hemos añadido la cultura. El cuadrante de las creencias es el círculo del *porqué*, el cuadrante del comportamiento es el círculo del *cómo*, el cuadrante de los procesos es el *qué*, y el cuadrante de la cultura o visión es el *cuándo* y el *dónde*, el ingrediente ausente en el *círculo de oro*.

Antes de seguir con nuestro primer plato, quiero proponerte un brindis. ¿Recuerdas al protagonista de *Matrix*, que tenía que elegir entre una pastilla azul y otra roja para determinar su futuro? No somos partidarios de empastillar a las personas. Por eso te invitamos a que escojas una de las tres copas de vino que tienes delante de tus platos: una de vino blanco, otra de rosado y otra de vino tinto.

¿Cuál prefieres para brindar por tu liderazgo? Si sigues leyendo, conocerás los sabores de cada tipo de vino.

LOS TRES ESTILOS DE LIDERAZGO

Quiero que sepas por qué hay cuatro cuadrantes pero solo tres tipos de vino. Muy sencillo; porque cada tipo de «vino» (el *qué*, el *cómo* y el *porqué*) implica una manera diferente de desarrollar la cultura de una empresa. Así lideras, así será la cultura de tu empresa.

Quienes eligen el vino tinto (el de *qué*) son personas que recurren a diferentes prácticas para respaldar un comportamiento determinado. Les fascina mejorar los procesos. Les llamaremos «líderes zapatilla» porque son como las madres. Si los hijos no les hacen caso a la primera, siempre tienen un procedimiento infalible para que obedezcan: se sacan la zapatilla. Nunca falla. Por cierto, también hay una versión para padres: se llama cinturón.

Con los «líderes zapatilla» al final ocurre una gran paradoja, lo sabes bien si eres padre. ¿Te suena la frase «haz lo que yo te digo, no lo que yo haga»? ¿Qué pasa con los hijos? Que aprenden por imitación y hacen lo que tú haces, no lo que tú les dices. El «liderazgo zapatilla» implica, más tarde o más temprano, recurrir a algún tipo de fuerza (principalmente física o económica).

El liderazgo desde el *qué*, desde los procesos, se ha refinado muchísimo. Por ejemplo, la última moda en la instrucción de los niños es enseñarles como si estuvieran jugando, lo que se considera el aprendizaje natural. Así que los maestros están aprendiendo juegos educativos para implantar la *gamificación*[4] en las aulas. Para que lo entiendas te hablaré de *Rush hour*, un juego en

---

4   *Gamificación* es una metodología que utiliza todos los componentes de un juego (como la narrativa, crear un mundo mágico, el reconocimiento de los logros, etc.) para lograr un objetivo concreto.

el que hay que sacar un coche de un atasco. Solo lograrán ganar si ponen en práctica algunos razonamientos matemáticos que son los que se quieren enseñar (y estresar un poco más a los niños, de paso).

Vamos con la segunda copa: el vino blanco. Los que eligen el caldo del *cómo*, lideran a través del ejemplo de personas con autoridad moral. Son los «líderes Gandhi». ¿Recuerdas su frase más famosa? «*Sé el cambio que quieres ver en el mundo*».

Aunque los «líderes Gandhi» suelen parecer flojos, se trata del tipo de liderazgo más habitual. Liderar desde el *cómo* es convertirse en un referente, un modelo de roles para los otros con actos que inspiran al resto.

En un artículo publicado en Expansión[5], Pau Gasol explicaba su idea de lo que es ser un buen líder. En su opinión, hay mucha gente que vende miles de recetas para ser un buen líder y no se fija en lo más importante, el efecto que causan sus actos en las personas que los acompañan:

«Para empezar, el estatus de líder lo reconocen los demás, no uno mismo. Siempre es un reconocimiento de terceros que perciben naturalmente esa cualidad y aceptan encomendarse al buen –o mal– hacer de una persona determinada. No sé si uno nace o se hace líder, pero sí sé que para ser un buen líder debes ganarte el respeto de los demás».

Compartimos con Gasol que la gran mayoría de libros sobre liderazgo inciden en las aptitudes y actitudes que un líder tiene que tener. Su pretensión es que te conviertas en un «líder Gandhi» y te dan consejos sobre *cómo* tiene que ser: confía en ti mismo, sé empático, asume tu responsabilidad, delega, no supongas, domina tu área, sé auténtico, ten humildad, ten un gran autoconocimiento, ten integridad, ten compromiso, ayuda a los demás, entre otros. Al final, la sensación que queda es que para ser un buen líder, o eres Mandela o no tienes nada que hacer.

---

5   http://www.expansion.com/directivos/deporte-negocio/2017/11/16/5a-0d78daca4741563d8b4587.html

Algo realmente difícil de lograr. Consejos doy que para mi no tengo.

Sigamos la tesis de Gasol. Efectivamente, hay muchos textos sobre liderazgo que inciden en las diferencias entre liderar enfocado en los comportamientos (los *cómo*) o en los procesos (los *qué*). A los primeros, estos libros les llaman líderes; a los segundos, los sitúan en un escalón inferior: son solo jefes.

Así, un líder entusiasma, aconseja, guía, comparte sus éxitos y se preocupa por las personas. Los jefes mandan, presumen de sus éxitos, se preocupan por las cosas y lo único que logran inspirar es… miedo (se quitan mucho la zapatilla). Por decirlo en corto, los líderes desarrollan a la gente y los jefes usan a la gente.

El tercer vino, el rosado, es realmente reciente. El estilo de liderazgo desde el *porqué* consiste en crear un espacio que permita a las personas explorar cómo su sistema de creencias respalda o debilita la nueva cultura. Se trata de un estilo que parte de las creencias y para ponerlo en práctica se requiere un alto nivel de consciencia. El lugar del que parte este liderazgo es muy profundo, donde se juntan lo individual y lo interior.

Los primeros en aplicarlo fueron referentes de la *New Age*, que, más allá de los conocimientos que compartían, tenían como misión crear lugares seguros en los que la gente pudiera reencontrarse y poner en duda sus creencias para alumbrar otras nuevas.

Pero también hay ejemplos de la aplicación del liderazgo desde el *porqué* en el mundo empresarial. El caso más conocido mundialmente es el de Tony Hsieh, el dueño de la empresa de comercio electrónico *Zappos*, cuya filosofía de hacer felices a los empleados y duplicar los beneficios explicó en su libro *Delivering happiness*.

Un ejemplo más próximo es el de David Tomás, que también está explicado en otro libro, *La empresa más feliz del mundo*, en el que cuenta lo que hizo (y eso que, como en el chiste, era el director y no tenía ganas de ir al trabajo) hasta convertir su empresa en la preferida por los españoles para trabajar, según un *ranking* anual que han encabezado en varias ocasiones. La lectura de ambos es más que recomendable. En honor a estos dos libros vamos a llamar «líderes felicidad» a quienes lideran desde el *porqué*.

Volvemos a nuestro brindis. Te pedí que eligieras una copa de vino para brindar por tu liderazgo. Te recuerdo que cuando hablamos de liderazgo nos referimos a la habilidad para influenciar a quienes te rodean. El lugar desde el que se elige liderar, no solo condiciona la cultura de la empresa, sino también tu estilo de liderazgo. Es el momento de que descubras cuál es tu manera de influenciar a los demás, esto es, el sabor de cada vino:

- *Vino tinto.* El estilo de los «líderes zapatilla-cinturón» es el *liderazgo autoritario.* Es muy sencillo de explicar: uno da las órdenes, dice qué hay que hacer y el resto obedece. Las normas están claras. Es el más previsible de todos. Es más seguro ser temido que ser amado, decía Maquiavelo, porque el miedo es una emoción a la que el príncipe puede inspirar a voluntad y de forma casi ilimitada, mientras que el afecto es un vínculo que no depende enteramente de él. Para aquellos a los que les guste el deporte, es el liderazgo de entrenadores que ponen el método por encima de los jugadores. Son los apóstoles del sistema. Ejemplos conocidos son los de Capello, Ferguson, Mouriño o Van Gal. Por decirlo en dos palabras: auténticos sargentos.

- *Vino blanco.* El estilo de los «líderes Gandhi» se acerca al *liderazgo participativo.* El ayuntamiento quiere reformar una plaza, pero, en vez de hacer lo que le parece, pide que opinen los vecinos. Les manda a casa una carta con las propuestas y fija un día para que voten. Le llaman *gobierno abierto.* La opción con más seguidores es la que finalmente se realiza. La diferencia con el estilo autoritario es la manera de influenciar al resto. Hay un comportamiento completamente distinto. ¿Y qué pasa si los vecinos no se decantan por ninguna opción y hacen otras propuestas? ¡Buena pregunta! Si el estilo participativo no da resultados se aplica el Plan A, el del autoritario. ¿Entendido? No se discute. De nuevo volvemos a los ejemplos deportivos para que te hagas una mejor idea. Son entrenadores que se asemejan a consultores e inciden más en las actitudes de los jugadores y son un referente, un modelo a seguir. Es el caso de Guardiola o Simeone.

- *Vino rosado*. Los «líderes felicidad» aplican el *liderazgo igualitario*. Lo primero que se busca es lo que todos tenemos en común, nuestro *porqué*. Después se decide *cómo* lo puede aplicar cada uno de la mejor manera y por último se hace lo *que* haya que hacer. Que esto también se puede hablar. Resumiendo: cualquiera puede proponer qué hay que hacer si responde al propósito del grupo; todos pueden aprobar si se hace o no (alegando razones que respondan al propósito) y finalmente se aprueba la forma, el *cómo*, y los plazos, el *cuándo* y el *dónde*. Y además lo revisan periódicamente. En definitiva, crean un espacio seguro en el que poder decir lo que piensan y disfrutar del trabajo. En el caso del deporte, son líderes amables y tranquilos que ponen el acento en la gestión del talento como Del Bosque o Ancelotti.

Y, si te fijas bien, cada uno de los estilos de liderazgo se está dirigiendo a un tipo concreto de cerebro. El autoritario se enfoca al cerebro reptiliano, al del miedo y los instintos. El participativo se dirige al límbico, al de las emociones. El igualitario, al neocórtex, el de la razón y la intuición.

¿Qué tipo de cultura han creado estos entrenadores? En el primer caso, el equipo lucha por su supervivencia; en el segundo, por sentirse unidos como equipo; y, en el tercero, todos los componentes crecen con su trabajo en equipo y sacan su mejor versión de ellos mismos.

Y, tras este brindis, seguimos con nuestro primer plato: la teoría de los cuatro *cuadrantes*, que también permite conocer las dos maneras en las que los líderes han abordado los problemas históricamente: desde el humanismo o desde la ciencia. Es un plato realmente completo.

MEDIR O NO MEDIR, ESTA ES LA CUESTIÓN

Seguimos con este sabroso primer plato. Como te prometí, te vamos a decir lo que (casi) nunca se cuenta en los libros de liderazgo. Es el momento de que conozcas el motivo por el que normalmente los estudios se centran en metodologías y comportamientos para liderar y se habla mucho menos de valores o creencias. Por lo menos hasta hace poco.

La explicación está de nuevo en la *teoría de los cuatro cuadrantes*. Te dije que las cosas se pueden clasificar en tangibles e intangibles. Cuando opinamos que un equipo juega bien o mal lo hacemos desde un intangible, nuestra forma de ver las cosas. Y cuando hablamos de la cultura de una organización, también decimos que hay «buen o mal ambiente de trabajo», el buen o mal rollo.

El problema llega a la hora de poner una puntuación objetiva a esa cultura, no basada en interpretaciones. Lo que hacemos es agarrarnos a indicadores que podamos medir. Podemos querer mucho a un familiar pero nos fijamos en cuántas veces lo llamamos o visitamos y cuánto tiempo pasamos con él.

Y, a partir de aquí, hemos creado el imperio de lo medible. No importa tanto lo que pienses, sino *qué* hagas a su respecto o *cómo* lo hagas. Detrás, como siempre, hay una creencia que lo condiciona todo, un intangible, aunque no lo sepamos. En este caso, es una afirmación de Willian Pepperell Montague, pronunciada a comienzos del siglo XX y que tenemos cincelada en piedra en nuestro subconsciente: «*Lo que no se puede medir, no se puede gestionar*». ¿Te suena, verdad?

Años después, el gran gurú del *management*, Peter Drucker, hizo una actualización que se ha convertido en uno de los diez mandamientos de las escuelas de negocios: «*Todo lo que no se puede medir, no se puede mejorar*». Esto limita las opciones de liderazgo al *qué*, a usar una metodología o a cambiar un proceso, y al *cómo*, a los comportamientos. Ni rastro de las emociones. Lo que sientan las personas no importa.

De manera que, inconscientemente, solo nos fijamos en lo medible: en los comportamientos y en los procesos para influenciar a quienes nos rodean.

Los estudios del liderazgo no han sido ajenos al imperio de la vara de medir y se han basado tanto en la mirada científica, en aquello medible, que hay clasificaciones de tipos de líderes que solo tienen en cuenta si estos se centran más o menos en las tareas (autocráticos/pasivos) o si le dan más o menos importancia a los comportamientos (participativo/democrático). Las creencias y la visión del futuro ni siquiera se consideran.

Todo esto empieza a cambiar en la década de los noventa cuando aparecen las primeras voces que defienden los intangibles, lo que no se puede medir, como elementos imprescindibles del liderazgo. El caso más destacado es el de Daniel Goleman al popularizar la *inteligencia emocional*, que comienza a armonizar la mente con el corazón.

«Imaginemos los efectos beneficiosos del dominio de las habilidades emocionales fundamentales (ser capaces de sintonizar con los sentimientos de las personas que nos rodean, poder manejar los desacuerdos antes de que se conviertan en abismos insalvables, tener la capacidad de entrar en el estado de «flujo» mientras trabajamos, etcétera). El liderazgo no tiene que ver con el control de los demás, sino con el arte de persuadir para colaborar en la construcción de un objetivo común. Y, en lo que respecta a nuestro propio mundo interior, nada hay más esencial que poder reconocer nues-

tros sentimientos más profundos y saber lo que tenemos que hacer para estar más satisfechos con nuestro trabajo»[6].

También aparecen metodologías que tienen en cuenta la inteligencia colectiva, como *la Teoría U* o *La quinta disciplina*. Se pone de moda la mirada sistémica, esto es, las interrelaciones subyacentes entre las personas de una organización. Hoy son imprescindibles porque nos ayudan a navegar mejor que los métodos clásicos por nuestro actual mundo de complejidad: rápidos cambios de los mercados, guerra de talento, falta de predictibilidad o la disrupción digital.

Ken Wilber, al hablar de su *teoría integral* también diferencia entre los dos cuadrantes exteriores o medibles (comportamientos y procesos) y los dos interiores o intangibles (creencias y cultura). Los llama *las dos manos de Dios*. Por su colocación, los cuadrantes exteriores son la mano derecha y los interiores, la mano izquierda.

Wilber descubre que «*todos los caminos de la mano derecha requieren de la percepción, mientras que todos los caminos de la mano izquierda requieren de la interpretación*».

En los últimos dos siglos, las formas de liderazgo se han polarizado entre aquellos que apostaban por la mano de los tangibles, con una visión del mundo materialista y científica, y los que se decantaban por la mano de los intangibles, con una visión más religiosa.

El físico cuántico Amit Goswami, que dedica buena parte de su libro *Quantum Economics* a criticar ambas corrientes, las identifica con los partidos políticos republicanos y demócratas en Estados Unidos[7]. Los republicanos, los conservadores de la vieja guardia, apoyan la economía de la oferta y los valores cristianos, el liberalismo: menos gobierno y menos regulación. Desdeñan la

---

6   Goleman, D. *Inteligencia Emocional*. Editorial Kairós. 1996.

7   Goswami, A. *Quantum Economics*. La esfera de los Libros. 2016. Páginas 78 y ss.

ciencia y representan lo que Goswami califica «la visión del mundo del elitismo religioso».

Por su parte, los demócratas son el partido del movimiento obrero y se rebelan contra todo tipo de ortodoxia (religiosa, de ricos y pobres). Apoyan la economía de la demanda y la ciencia, la que juzga lo que es verdad mediante la detallada experimentación de los hechos y nada más, esto es, lo que Goswami califica como «dogma del materialismo científico». Los demócratas quieren conseguir el bien social a través de regulaciones, de más gobierno.

Y, como ir más allá sería adentrarnos en un debate político, y para eso ya tenemos muchos cada día en la tele, lo dejamos aquí. Solo resaltar que detrás de cada estilo de liderazgo hay todo un conjunto de creencias, un paradigma dominante. Llega el momento de que los conozcas. Es la hora de los *porqués*.

ASÍ PIENSAS,
ASÍ LIDERAS

Antes de seguir con nuestro primer plato, quiero hacerte una aclaración. No hay cuadrantes buenos o malos. Cada uno tiene una voz distinta. Cada uno encierra su tipo de verdad.

El cuadrante de las creencias habla el lenguaje de las intuiciones y las creencias, lo que pasa en lo más íntimo de cada uno. No se pueden medir por lo que tenemos que interpretarlos. ¿Cuál es su significado? ¿Cuál es su *porqué*?

El cuadrante de los comportamientos habla el lenguaje de las percepciones: lo que vemos, lo que medimos. Es un lenguaje científico. Y, como las creencias, se sitúa a nivel individual. Vamos ahora con los dos cuadrantes colectivos.

El de los procesos habla con el lenguaje de los métodos, del sistema social. Son las formas materiales y las instituciones externas de la comunidad. Es su fundamento tecno-económico.

El cuadrante de la visión habla con los significados compartidos por toda una comunidad, es decir, su visión conjunta del mundo, su cultura.

En la *teoría de los cuatro cuadrantes* todos están interrelacionados. Todos son al mismo tiempo causa y efecto. Si cambia la mentalidad de las personas, esto acaba por influir en su visión colectiva del mundo, en sus estructuras sociales y en su forma de comportarse.

Si miramos la Historia, cada época ha tenido sus propias ideas, su organización social y una forma de pensar y comportarse típica de la gente.

Han preparado el *AQAL* a su manera. Y, cada vez que ha cambiado el sistema de creencias y valores, cambia todo lo demás. Es decir, se instaura un nuevo paradigma que transforma las instituciones y afecta a la manera de ejercer el liderazgo. Hay una nueva forma de cocinar.

Seguro que te estás preguntando cuántos paradigmas diferentes se han producido en nuestra Historia. Hay tres autores, Clare Graves, Don Beck y Christopher Cowan, que investigaron la evolución de los seres humanos y encontraron ocho paradigmas, ocho maneras diferentes de cocinar el *marco AQAL*.

Además, enunciaron una teoría, la *Dinámica de la espiral*, que explica cada uno de estos paradigmas y cómo se originó cada uno de ellos. Todos tienen en común que surgen a partir de una crisis a la que sucede una toma de conciencia por los seres humanos. De manera que, cada vez que ha aumentado la conciencia de las personas, se ha implantado un nuevo paradigma: unas nuevas creencias, comportamientos, estructuras sociales y una visión del mundo renovada.

La llamaron *dinámica de la espiral* porque se produce un constante movimiento secuencial entre el orden y el caos, pero, con el aumento de conciencia en cada nueva secuencia, se produce en un plano superior en forma de espiral.

Ken Wilber amplía estas ideas en su *Teoría integral*, con el principio de trascender e incluir. Para que se materialice el siguiente paradigma se tiene que incluir el anterior e ir más allá y trascenderlo.

Esta teoría nos enseña que la manera de solucionar un problema no es luchar desde el polo opuesto sino integrarlo en un nuevo sistema, desde la comprensión y la compasión. La confrontación y la agresión llevan al estancamiento o la involución, no a la evolución.

Graves, Beck y Cowan utilizaron colores para referirse a cada uno de estos paradigmas, a los que llamaron *memes*: una visión del mundo, un sistema de valores, un nivel de exigencia psicológica, una estructura de creencias, un principio organizador, una forma de pensar y un modo de vida. Insistimos en esta idea: cada uno de los estadios de conciencia de la Humanidad ha tenido su propio *omnicuadrante*, su particular forma de cocinarse.

Frederic Laloux hace posteriormente una actualización de la *dinámica de la espiral*, dando otros nombres y colores a algunos de estos paradigmas. Su principal aportación es explicar la transformación organizacional que aporta cada uno de ello, *cómo* se efectúa el liderazgo en cada uno de ellos. Vamos a repasarlos:

- El paradigma más antiguo es el *meme beige* (infrarrojo para Laloux), en el que las personas se agrupan en clanes familiares aislados, al estilo de las manadas de animales, con la intención de sobrevivir a través de la caza y la recolección. Se lo conoce como el «arcaico» (o reactivo, para Laloux).

- En el *meme púrpura* (magenta para Laloux), las personas se agrupan en tribus e interpretan lo que les sucede como una reacción de los dioses a los que tratan de contentar. Por ello se le conoce como el «paradigma mágico». Se pasa de la caza a la agricultura y las relaciones son de parentesco, con un total nepotismo entre los integrantes.

- El *meme rojo* surge con la creación de los imperios como forma de organización. El principio organizador de este paradigma es el poder y el objetivo es proteger el territorio. De aquí surge la idea del líder fuerte que recompensa a sus fieles y castiga a los enemigos. Es el «paradigma impulsivo» y la forma de influir sobre los otros está basada en el miedo. En nuestros días todavía persiste este tipo de liderazgo, en organizaciones criminales como la mafia, o en pandillas juveniles extremadamente violentas.

- El *meme azul* (ámbar para Laloux) llega con la aparición de los primeros Estados, que crean instituciones con normas burocráticas. El estilo de liderazgo en este se basa en establecer procesos claros y normas que lo controlen todo. Las responsabilidades se ejercen desde la asignación formal de funciones. Es decir, en el control jerárquico. Laloux lo llama «paradigma conformista» porque se premia la obediencia a la autoridad y solo hay un único camino hacia la verdad. Lo más positivo de este *meme* es que proporciona orden, estabilidad y predictibilidad, lo que permite poner en marcha proyectos a largo plazo como las pirámides o la construcción de catedrales. No en vano es el que todavía rige en instituciones religiosas (la Iglesia), políticas (el gobierno) o militares (el Ejército). La parte negativa es que a la gente hay que decirle cómo hacer las cosas de forma correcta, matando su creatividad, y hay una estratificación que se potencia con signos visibles, como los uniformes o galones, que identifican nítidamente la función. Es muy rígido y hay miedo a la competencia. En definitiva, se trata de seguir las normas. La forma de hacerse valer es a través de los castigos.

- El *meme naranja* tiene como objetivo lograr la efectividad. Se cuestiona la autoridad siempre que se demuestre que un procedimiento es mejor que otro, lo que favorece los beneficios y el crecimiento. Es fruto de la revolución industrial y entiende el liderazgo como la gestión de una máquina. Si una pieza no funciona, se cambia. Hay una obsesión por medir todo, lo que genera una cultura materialista basada en el dinero y el reconocimiento externo, así como la obligación de cumplir objetivos, rendir cuentas y elaborar presupuestos anuales. Aporta a las estructuras sociales la necesidad de innovar, apoyándose en departamentos de marketing e I+D, la mejora continua y la gestión de procesos y por proyectos. Se le considera el «paradigma del logro» porque se sustituye la jerarquía por la meritocracia. Es el paradigma del siglo XX, la religión de las grandes multinacionales y las escuelas de negocios. Si bien ha proporcionado gran bienestar, cada vez son más las personas que se rebelan ante sus sombras: un consumismo desorbitado, la codicia personal y corporativa, la sobre-explotación de los recursos del planeta, las desigualdades sociales entre ricos y pobres y un enorme vacío social, donde no hay lugar para las emociones. Su forma de hacerse valer son los premios (económicos, sobre todo).

• Como reacción al *meme* naranja, aparece el verde, con estructuras igualitarias surgidas de los movimientos ecologistas y sociales. Se entiende que las personas están por encima de los resultados y emergen líderes paternalistas. Al «paradigma pluralista» le incomodan las jerarquías y prefiere trabajar por una misión y unos valores, principalmente sin perseguir el lucro. La responsabilidad social no es un recurso de marketing sino la parte nuclear del negocio. La toma de decisiones parte de abajo a arriba, ya que se tienen en cuenta a las bases a las que se quiere empoderar. Se busca el consenso de la comunidad y reconectar al ser humano con la naturaleza.

A partir de aquí, Graves, Beck y Cowan sitúan el *meme* amarillo y el turquesa.

• El *amarillo* es el paradigma del autoconocimiento: vive plena y responsablemente según quién eres: todo lo que pasa en tu vida es un aprendizaje. Se basa en la creación de redes de personas que colaboran compartiendo experiencias y conocimientos sobre un propósito común.

• El *meme turquesa* experimenta la plenitud: todos somos uno y todo es uno. El trabajo tiene que dar significado a la propia existencia y estar en sintonía con la vida. Laloux da a este paradigma el color esmeralda, aunque habitualmente se le conoce por su nombre en inglés, el *teal*. El «paradigma evolutivo» parte de confiar en la abundancia de la vida e intenta replicar en sus estructuras sociales el funcionamiento de la naturaleza. La gran aportación al liderazgo es la auto-organización en la relaciones, utilizando la inteligencia colectiva sin necesidad de jerarquía o consenso. Las personas en este paradigma pueden recuperar su integridad interior y las organizaciones les ofrecen un lugar seguro para mostrarse tal y como son, realizando un propósito mayor que cada uno de ellos en particular. El libro *Reinventar las organizaciones*[8] de Laloux detalla numerosos casos de empresas que se rigen por este paradigma, sus estructuras y procesos.

Para evitar confusiones con los colores de los paradigmas, a partir de ahora seguiremos la clasificación que hace Frederic Laloux, por ser la más conocida y que ha dado lugar al *movimiento teal* en favor de las creencias y valores de este último paradigma.

Antes de seguir, te propongo otro pequeño juego para saber cuál es el paradigma dominante en tu organización.

Piensa cómo te pagan los incentivos, cómo te abonan tus honorarios extra. Te doy cinco posibilidades:

a. Según el antojo del jefe
b. Fijos, según mi nivel en la organización
c. Con incentivos individuales
d. Hay un *bonus* para todo el equipo
e. Autofijado

Te doy unos segundos para pensarlo.

Ahora las soluciones:

a. Rojo
b. Ámbar
c. Naranja
d. Verde

---

8   Laloux, F. *Reinventar las organizaciones*. Arpa Editores. 2015. Capítulo 1.

e. Teal

Si haces este juego entre un grupo numeroso de personas sabrás enseguida desde qué paradigma interpretan la realidad. Y, por supuesto, su nivel de conciencia. Recuerda: cuanto más elevado el *meme*, mayor es el nivel de conciencia. Si estás con trabajadores de una multinacional, responderán mayoritariamente desde el *meme* naranja; si estás con colectivos de ONG y del tercer sector, su *meme* será el verde. Si estás entre un grupo de emprendedores sociales, les resonará más el paradigma *teal*.

Mientras los camareros nos retiran el primer plato, te explico por qué estamos en un momento histórico en el que conviven varios paradigmas al mismo tiempo.

EL NUEVO PARADIGMA DEL LIDERAZGO

En los últimos tiempos está de moda hablar del «nuevo paradigma de liderazgo». Se han publicado numerosos libros que llevan ese mismo título. Con la teoría de la *espiral de la dinámica* hemos comprobado cómo en la actualidad hay varios paradigmas conviviendo y que cada uno de ellos impulsa un tipo diferente de liderazgo.

En general podemos decir que los modos de liderazgo hasta el *meme* naranja son versiones más o menos refinadas del estilo autoritario y lideran desde el *qué*; el *meme* verde es el primero que abraza por completo el estilo participativo, liderando desde el *cómo,* y los posteriores (*teal*, amarillo o turquesa) trascienden ambos paradigmas con un estilo de liderazgo igualitario, desde el *porqué.*

Si alguien nos habla de un nuevo paradigma de liderazgo, es necesario hacer una pregunta aclaratoria: pero, ¿a qué nuevo paradigma en concreto te refieres: al naranja, al verde o al *teal*?

Según la respuesta, sabrás su forma de pensar, su nivel de conciencia y el estilo de liderazgo que propone. Estamos pues en un momento en el que el ser humano puede enrocarse en el paradigma naranja que ha imperado en los dos últimos siglos, enfrentarse abiertamente a él como lo ha hecho el paradigma verde o trascender ambos hacia el *teal* con un cambio de conciencia y una transformación institucional. Este es el dilema actual del liderazgo.

Coincido plenamente con la opinión de los profesores Josep M. Coll y Xavier Ferrás, quienes, en su reciente libro *Economía de la felicidad*[9], explican cómo la revolución tecnológica presenta *«una encrucijada para la Humanidad, en la que puede elegir entre la abundancia que permite la tecnología y avanzar hacia estándares de bienestar nunca vistos, o seguir por el camino de la desigualdad y el populismo, con la consecuencia de una división total sin precedentes, la sustitución masiva de hombres por máquinas, la desaparición de las clases medias y escenarios apocalípticos de involución, desglobalización, fragmentación y pobreza extendida».*

Hasta los más fervientes defensores del capitalismo se están cuestionando sus ideas y su incapacidad para afrontar los nuevos tiempos. El paradigma naranja, el gran barco trasatlántico que ha dominado la navegación marítima en los dos últimos siglos, se está resquebrajando y le entra agua por todas partes. ¿Será un nuevo Titanic?

Aunque algunos quieren volver al estado anterior, el golpe de ese gran iceberg que fue la crisis financiera del 2008 dañó gravemente las hasta entonces indiscutibles ideas herederas de la revolución industrial, el método científico de Descartes, la supervivencia *darwinista* del más fuerte y el mundo físico de Newton.

Básicamente, las condiciones de navegación han cambiado. Y mucho. Frente a las aguas en calma y controlables del capitalismo, nos hallamos ahora ante las aguas revueltas, inciertas y llenas de rápidos de la revolución tecnológica digital.

Hasta la biblia del paradigma naranja, la *Harvard Business Review*, está apostatando del capitalismo con reportajes que cuestionan el hasta ahora incuestionable dogma de Milton Friedman de lograr todos los beneficios posibles para los accionistas.

Otro tanto ocurre con el Foro de Davos, que dedicó su edición de 2017 a abogar por un «liderazgo sensible y responsable».

El capitalismo se está preguntando ¿qué nos está pasando? Busca respuestas a esas vías de agua de la globalización que son el *Brexit*, Trump y el auge de los nacionalismos. Se pregunta

---

9   Coll, J.M. y Ferrás. X. *Economía de la felicidad*. Plataforma Editorial. 2017. Pág. 55.

cómo acabar con el *síndrome del trabajador quemado*, que afecta ya al 87% de la población activa mundial.

El orgullo de su grandeza pasada le impide la necesaria auto-reflexión sobre sus sombras, cada vez más alargadas: el despido de miles de trabajadores si las acciones bajan, contaminar y dañar el medio ambiente para ahorrar dinero, confundir y engañar a los clientes para vender más y crear ambientes de trabajo tóxicos, verdaderos caldos de cultivo del miedo y la frustración.

La forma de navegar de los patronos de grandes barcos no funciona cuando las aguas dejan de estar en calma, como ahora. El mundo naranja mira con envidia la rapidez y agilidad de esas pequeñas embarcaciones nacidas para sortear descensos de ríos, los *kayaks* y las balsas de *rafting*.

El mundo laboral se va a atomizar en pocos años en forma de muchos profesionales independientes, conocidos como *knowmads,* y en pequeños equipos dispuestos a remar todos juntos al unísono en las aguas blancas de los rápidos: las famosas *startups*. En unos años el mercado laboral se parecerá al descenso del Sella, la competición anual que cada año congrega a miles de piragüistas en Asturias.

Y, mientras, la armada invencible del capitalismo sigue luchando contra los elementos. ¿Podrá salvarse la flota con reparaciones más o menos cosméticas, o será conducida al colapso por un sistema de creencias que infravalora la naturaleza y deshumaniza al ser humano? ¿Se reinventará el capitalismo o le sucederá el *postcapitalismo* del que ya se habla tanto?

Entretanto, ¿qué pasa con el *meme* verde? ¿Se impondrán las creencias de los movimientos sociales y ecologistas anticapitalistas? La *dinámica de la espiral* advierte de que en vez de aceptar las aportaciones de los *memes* anteriores se dedicaron a combatirlos, especialmente el naranja.

Tomar las decisiones por consenso comunitario, de manera que el ego de una persona también puede bloquear una decisión o un avance, lleva al *meme* verde al mismo nivel de conciencia del naranja: al egoísmo más absoluto. Se trata de un experimento fallido que no supo trascender el materialismo y terminó por replicar su egocentrismo. Basta comprobar cómo aquel movimiento espontáneo y participativo que fue el 15M en España ha mutado el romanticismo con el que nació por prácticas del estilo de liderazgo autoritario. Y plataformas colaborativas como Uber se han entregado descaradamente a los brazos del pensamiento naranja y aumentan sus desigualdades. Los pioneros del *meme* verde no se sienten reconocidos en estas prácticas.

No obstante, hay que agradecer la necesaria colaboración del paradigma verde para que ahora se vea como algo normal luchar por el bien común o poner a las personas (empleados y clientes) en el centro de negocio. Y no solo como otro reclamo de marketing, sino como el *modus operandi* principal con metodologías participativas como el *Design Thinking* o los pensamientos *lean* y *agile*.

¿Llegará la solución del *teal*? Para que un nuevo *meme* emerja es necesario que sus creencias sean adoptadas por un número importante de personas. Esto dependerá de si es capaz de propalarse más allá de sus practicantes iniciales.

Para trascender los paradigmas verde y naranja hace falta pasar del *ego* al *eco*. No es otro eslogan; solo se puede alcanzar el nivel de conciencia del *teal* cuando tienes plenamente interiorizado que la vida no va de *controlar* sino de *confiar*. Esta, y no otra, es la asignatura pendiente de cualquier líder para los tiempos que vienen. En el cuarto acto de este del libro te explicamos cómo la digitalización está impulsando esta nueva visión del mundo.

El nuevo paradigma de liderazgo se basa en la colaboración entre iguales, desde la profunda convicción de que todos los seres humanos somos únicos, merecemos de todo el respeto y tenemos por tanto que tratar al resto de personas con idéntico respeto. Esa es la nueva visión *eco*.

Aunque, claro, cada persona tiene que librar una batalla contra su principal enemigo, su propio ego, que lo engañara de mil maneras para impedir que lo logre.

A ti te corresponde ser capaz de generar lazos de confianza con tu equipo, actuando como tal y permitiendo compartir riesgos. Si no me fío de tu labor, ni tú de la mía, no haremos más que ponernos piedras en el camino. Es imprescindible confiar, estar seguros de que si yo me caigo, tú me cogerás.

Para eso sirve el propósito, la famosa «misión». No se trata de buscar una frase más o menos ingeniosa. Es el punto de encuentro de todo el equipo, con el que todos nos identificamos y por el que luchamos, el que nos hace conscientes de que todos aportamos y remamos juntos para mover el barco. Si no remamos todos en esa misma dirección, el barco no avanzará. No se trata de lo que yo haga, sino de lo que hagamos todos juntos.

En definitiva, el nuevo paradigma del liderazgo tiene como condición indispensable la humildad. La única forma exitosa de navegar en las aguas revueltas y complejas de la digitalización es desde la humildad, sin sentirse más que nadie sino todos a un mismo nivel.

Ese es el reto que tienes tú, que tengo yo y que tiene la Humanidad en su conjunto. Según cómo seamos capaces de hacer evolucionar nuestro nivel de conciencia, será nuestro destino: seguir en el *meme* naranja o su opuesto, el verde, o trascender al *teal*.

Este menú tiene el propósito de explicarte el camino que hay que seguir para aumentar nuestro nivel de consciencia para lograr un nuevo estilo de liderazgo sin tener que apuntarse a la lista de espera para comprar un coche Tesla. Hay otra vía más sencilla y barata. Es el momento de descubrir *quién* eres.

LO QUE HACES
NO ES LO QUE ERES

En el menú que os hemos preparado, comenzamos con un aperitivo que mostraba el toque secreto de los líderes que inspiran a la acción: hablar primero desde el *porqué* (las creencias), luego de los *cómo* (las capacidades) y, por último, de los *qué* (los comportamientos).

El primer plato añadía un cuarto ingrediente, la cultura, que está condicionada por el estilo de liderazgo. A lo largo de la Historia, el liderazgo se ha producido desde los *qué* (*líderes zapatilla*), los *cómo* (*líderes Gandhi*) y, más recientemente, desde los *porqués* (*líderes felicidad*). Además, descubrimos que la insistencia del liderazgo en los *qué* y en los *cómo* responde a la posibilidad de estos de ser medidos, frente a los *porqués*, que no se pueden medir.

Desde el pensamiento científico surge entonces un gran conflicto. ¿Cómo es posible que los líderes que más influyen con sus discursos con su comunicación recurran a algo, las creencias, que no se puede medir y les funcione? Esto nos plantea un nuevo interrogante: ¿Es posible controlar las creencias? La respuesta es sí, lo cual nos lleva al segundo plato del menú: *la pirámide de los niveles lógicos*.

Te voy a contar su origen. En los años setenta, Richard Bandler y John Grinder crearon la Programación Neuroligüística (la PNL para los amigos) tras descubrir la conexión directa entre los procesos neurológicos, el lenguaje y los patrones de comportamiento aprendidos con la experiencia.

Hablando en plata: somos lo que pensamos y pensamos lo que nos decimos a nosotros mismos. De manera que, si cambiamos el lenguaje, también lo harán nuestros pensamientos y nuestro comportamiento.

La PNL transciende de esta forma el pensamiento científico al proporcionar herramientas (el *qué*) con las que podemos «modelar» nuestras capacidades (el *cómo*) a partir de nuestras creencias (el *porqué*).

¿Qué es eso de «modelar»? Aunque parezca magia, si conocemos los procesos neurológicos de una persona y usamos su mismo lenguaje, podremos imitar su comportamiento. ¡Sin tener que medir nada! Te lo voy a decir más claro: todos podemos ser Steve Jobs si nos decimos las mismas cosas que se decía él y seguimos los mismos procesos neurológicos que él tenía. ¿A que mola?

La PNL se expandió a la velocidad de la luz por el mundo empresarial en el que miles de ejecutivos querían mejorar sus liderazgos y «modelarse» para convertirse en el Michael Jordan de su especialidad.

El truco de la PNL se explica en lo que Robert Dilts llamó la *pirámide de los niveles lógicos*: nuestro segundo plato, una especie de lasaña de seis pisos. La presentación en forma de pirámide no es casual: es para mostrar de forma gráfica la importancia que tienen unos niveles sobre otros. Es importante que recuerdes esta idea: cuando uno cambia una capa superior, cambian todas las inferiores. Te cuento qué lleva cada uno de los pisos:

- En la base, en el piso más bajo, hay un ingrediente que ya conocemos, el *entorno*. Todos nacemos en una cultura determinada en donde la familia, el país y la sociedad nos enseñan cuáles son las cosas que podemos hacer y cuáles no. Para conocer el entorno, respondemos a las preguntas *¿dónde?* y *¿cuándo?* Nacemos condicionados (consciente o inconscientemente) por ese entorno, que premia o castiga lo que hacemos y a partir del cual desarrollamos nuestro comportamiento.

- Los *comportamientos* son el ingrediente del segundo piso. Aprendemos a vivir en ese entorno y a tener determinados comportamientos, que se forjan de tres maneras: por el ejemplo de otros, por la observación o la experiencia. Es la respuesta a la pregunta: *¿qué hago?* El entorno se encarga de premiar los comportamientos que considera adecuados y castigar los inadecuados. A partir de nuestros comportamientos, desarrollamos unas capacidades.

- En el tercero están las *capacidades*. A medida que vamos aprendiendo, nos damos cuenta, en casa o en el colegio, de que somos buenos en algo: un deporte, escribir, cantar o tocar un instrumento. Tenemos esa habilidad especial. El conjunto de nuestras habilidades son nuestras capacidades. Las descubrimos con la pregunta *¿cómo (lo hago)?* Más tarde, según vamos creciendo y aprendemos con la experiencia de la vida, tanto de lo que les ocurre a los demás como a nosotros mismos, configuramos nuestras creencias, que se asientan sobre unos determinados valores.

- En el cuarto nivel están los *valores y las creencias*. Son todo lo que creemos sobre nosotros mismos, sobre otros, las cosas, el mundo. Son las gafas con las que miramos todo y a través de las cuales valoramos. Las creencias son la gasolina que mueve al mundo. Si uno cree que puede conseguir algo, lo hará. Si se pone límites, no lo hará. La pregunta para descubrir una creencia es *¿por qué?* Sobre nuestros valores se asienta la identidad.

- El quinto piso es la *identidad*, que es la suma de todo lo anterior: valores, creencias, capacidades y comportamientos de una persona que vive en un entorno determinado. La identidad es todo aquello con lo que nos identificamos. Es la respuesta a la pregunta *¿quién (soy)?* Y después, solo cuando una persona toma conciencia de su verdadera identidad, descubre su misión.

- En el piso superior, el sexto, está la *misión*, lo que una persona tiene que hacer en esta vida, la razón primordial de su existencia. Los japoneses tienen una palabra para definirlo: *ikigai*. La manera de chequear la misión es con la pregunta *¿para qué?* Ojo: se pueden tener varias misiones y que sean compatibles. Cuando uno conoce su verdadera misión sabe si lo que hace es lo que tiene que hacer. Rechaza todo aquello que no lo dirija a su misión. Son los verdaderos *misioneros*, esas personas que tienen una razón por la que levantarse cada día, y no es precisamente ir a ganar dinero.

- Hay un séptimo nivel de conciencia, la *espiritualidad*, pero solo unos pocos llegan a ese estado de autorrealización. Es alcanzar la plenitud de encontrarte con tu ser interior, con tu alma, con tu fuerza o con el nombre que quieras poner a tu esencia. El séptimo nivel se logra cuando uno está conectado a las raíces de la vida y a algo más superior a uno mismo que lo empuja a cumplir una misión en beneficio de la Humanidad. La pregunta para conocer este nivel es *¿para quién más?* Cuando alguien tiene un *para quién más*, no hay miedo que le frene, nunca se encuentra solo. Sabe lo que tiene que hacer. Como solo algunos elegidos lo han logrado, no lo vamos a tener en cuenta.

Estamos ante un plato de una riqueza increíble, con múltiples sabores que disfrutar. La *pirámide de los niveles lógicos* es la *Piedra Rosetta* del liderazgo, contiene todos sus secretos. ¡Vamos a descubrirlos!

Lo primero de todo, podemos saber a qué le da importancia un líder. Imagina que el equipo ha hecho mal una tarea. ¿Cómo responderías como líder?

Si un líder se centra en el entorno, dirá a su equipo que no fue su culpa: «había mucho ruido fuera y era difícil concentrarse». De esta forma, la responsabilidad cae en las circunstancias, en un entorno que no era propicio y no en el equipo.

Un líder se puede centrar en los comportamientos del equipo: «habéis hecho un mal trabajo». La crítica se centra en el *qué* y la responsabilidad recae en el equipo. Pero, si algo ha salido mal por los comportamientos, se pueden cambiar las conductas por otras que vayan mejor. Un entrenador puede decir a sus jugadores que pongan más ganas, que defiendan con más intensidad en defensa. Se cambian los hábitos por otros más eficaces.

El líder se puede enfocar en las habilidades de su equipo y decirles: «la venta no es lo vuestro». Esta frase ha matado multitud de vocaciones. La PNL demuestra además que no es cierta. Las vocaciones se pueden aprender si emulamos los modelos de otros, nos abrimos a los cambios y desarrollamos nuestras capacidades.

Un líder también puede responder desde los valores y las creencias. Recuerda que Simon Sinek decía que era el truco de los líderes que inspiran a la acción. La razón es muy simple: cuando alguien valora algo o lo considera de suma importancia, esto se convierte en un vigoroso incentivo para el cambio. Lo que nos enseña la *pirámide de los niveles lógicos* es que, al situarse en un piso superior, las creencias y los valores impulsan, motivan e influyen los niveles inferiores, esto es, la capacidad del equipo, su conducta y el entorno. Por eso son tan importantes las creencias del líder de una organización en la cultura de la misma, porque esta acaba adoptando su visión del mundo.

Como líder hay algo que tienes que tener muy claro: las organizaciones tienen el nivel de conciencia de sus líderes superiores. Ellos son los que determinan las estructuras, los comportamientos y la cultura de la organización.

Todos tenemos creencias; son las gafas con las que miramos el mundo. Cuando un líder consigue que sus gafas y las del equipo tengan la misma graduación, ese equipo es imbatible. Sus *porqués* serán los mismos. Un líder se convierte en inspirador cuando logra que el equipo comparta la visión de aquello que él considera importante. En otras palabras, cuando ha sabido ganarse a la gente, cuando ha tenido en cuenta las creencias y los valores de su equipo.

Como profesional puede que trabajes en aquello que mejor que se te da, que pongas todo tu interés, tengas tus conocimientos actualizados a la última y, sin embargo, no logres triunfar a pesar de cambiar de empresa con frecuencia. Estamos ante un problema de creencias: tus valores no se ajustan a los de las organizaciones para las que has trabajado. Busca un lugar donde piensen igual que tú y descubrirás tus *superpoderes*, que los tienes.

El quinto nivel de la pirámide tiene un ingrediente nuevo para el liderazgo: la identidad, lo que creemos que somos. Es la suma de todo lo anterior. Aquellos que ante una mala tarea le espetan a su equipo que son unos vagos o una pandilla de inútiles están produciendo consecuencias demoledoras porque, según Dilts, *«cualquier cosa que asumamos como parte de nuestra identidad comenzará a ejercer un impacto muy profundo en nosotros»*[10]. Más que líderes estos individuos son jefes. Y muy malos. Grande es aquel que para brillar no necesita apagar la luz de los demás.

Seguro que te has fijado en los jurados de algunos concursos televisivos que acaban siendo odiados porque siempre buscan sangre. Su estrategia es morder directamente en la yugular de la identidad de los participantes.

Desgraciadamente, cualquiera se puede convertir en uno de ellos cuando hace un mal uso de la identidad. ¿Recuerdas cuando le dices a un niño pequeño que es un trasto o un mal estudiante? Estás condicionando su identidad para el resto de su

---

10   Dilts, R. *Cómo cambiar creencias con la PNL.* Ed. Sirio. 3ª edición. Capítulo uno. 2004.

vida. Atención padres y madres: ¡una sola frase sobre la identidad de tus hijos le puede marcar de por vida!

La pirámide de Robert Dilts acaba con otro de esos mitos que arrastramos durante generaciones en el subconsciente colectivo: que somos aquello a lo que nos dedicamos. «Soy cocinero», «soy periodista», «soy ingeniero», «soy español». De esta forma, asumimos nuestra profesión o el lugar donde nacimos como nuestra identidad. La pirámide demuestra que somos mucho más: somos nuestros valores, nuestras creencias, nuestros comportamientos y nuestras capacidades.

Confundir el comportamiento con la identidad es una de las más terribles herencias del *meme* ámbar. Cuando comenzamos a tener un puesto en la sociedad, esto se procura distinguir con un uniforme o un símbolo, lo cual tiene atroces consecuencias, como hemos visto. Recuerda: no eres un uniforme, eres la persona que está dentro.

Lo que uno hace es su comportamiento, no su identidad. Los grandes líderes lo tienen en cuenta al dar retroalimentación a su equipo: lo hacen siempre sobre lo que las personas han hecho o dicho, nunca sobre la identidad.

En el cuarto acto, volveremos a hablarte de identidad y de por qué esta es fundamental en la economía de empleos bajo demanda a la que nos dirigimos. Antes vamos a hablar de tu misión.

DE COCINERO A CHEF

Seguimos degustando nuestro segundo plato, la *pirámide de niveles lógicos*. Nos falta por probar la capa superior, la de la misión, cuando recibimos la visita inesperada: la de los tres cocineros que han preparado el menú.

Al primero le preguntamos por qué se dedica a cocinar. Es un tipo malhumorado, con manchas en su uniforme, que nos contesta con displicencia: «*¿Es que no lo ve?, aquí estoy pelando patatas y a todo lo que me digan. Es lo que he encontrado para pagar las facturas*».

Al segundo también le preguntamos por qué se decantó por la cocina. Algo apesadumbrado nos responde que sigue la tradición familiar. «*Mi abuelo abrió un restaurante, mi padre siguió en los fogones y yo no he podido defraudar a la familia*». Seguimos hablando con él y termina por confesarnos que su verdadero deseo era ser pintor, pero que no pudo soportar la presión familiar.

El tercer cocinero tiene el uniforme pulcro y muy bien planchado y su rostro refleja alegría. Al preguntarle por su dedicación a la cocina, nos responde apasionado, con una gran sonrisa: «*Cuando sirvo un plato, sirvo felicidad*». Esta respuesta es real. Es lo que contestó en el programa final de MasterChef Celebrity II, Joan Roca, el dueño del Celler de Can Roca, considerado mejor restaurante del mundo tres estrellas Michelín.

Escuchándole todavía nos sabe mejor la última de las capas de la pirámide, la de la misión. Ahora, entendemos mejor su sentido. Joan Roca tiene un *para qué* y eso es lo que diferencia a un *cocinero* de un gran *chef*. Es un líder que tiene alineada su razón de ser, su visión y su misión.

Cuando ves la paz y la pasión que Joan Roca transmite al hablar de su trabajo, recibes esa felicidad que lleva dentro y que comparte con su equipo y sus clientes. La forma de diferenciar la verdadera misión de un eslogan de marketing está en el brillo de la mirada: cuando vivimos con la serenidad de nuestro ser eterno, nuestra vida se transforma en un regalo para el mundo.

Desgraciadamente, no todo el mundo sabe cuál es su misión. Ni siquiera saben quiénes son. Fíjate en el segundo de los cocineros y en su conflicto de identidad entre lo que su familia quería y lo que él deseaba ser. Esto es algo que sucede a menudo cuando los adolescentes comienzan a desarrollar sus creencias y crear su personalidad, un conflicto con la familia. Nuestro cocinero decidió sucumbir a sus creencias y ser solo parte de una familia abandonando su misión.

Al llegar a la mitad de la vida, muchas personas sufren lo que se conoce como una «crisis de identidad» y se preguntan a sí mismos qué están haciendo con sus vidas. ¿Fueron sus padres quienes les dijeron lo que tenían que hacer? ¿lo hicieron por agradar a otras personas o por seguir a su corazón? La mejor forma de saber si estás siguiendo tu misión es preguntarte *para qué* estás haciendo algo. No respondas a la ligera. Tómate tu tiempo; será el tiempo mejor empleado de toda tu vida.

Para conocer nuestra misión, antes es necesario conocer nuestra identidad. Cuando uno aumenta su nivel de autoconocimiento se replantea muchas cosas en su vida. No es casual que muchas personas decidan cambiar de profesión y dar un giro a su carrera profesional escuchando los dictados de su corazón. Otros muchos no lo hacen, aunque en lo más profundo, como el segundo cocinero, lo desean. ¿Por qué no dan ese paso? ¿Por qué prefieren empeñarse en vivir la vida y los sueños de otros?

Porque es más cómodo vivir la mentira que otros nos dan que nuestra propia verdad. Porque es más tranquilo vivir una vida incompleta que arriesgarnos a sentir toda nuestra plenitud. Porque es más seguro vestirnos cada día con el disfraz del personaje que nos hemos creado que atrevernos a mostrar la persona que llevamos debajo.

El juego de la vida es decidirse a navegar, en vez de quedarse en el puerto amarrados. Afrontar el desafío de surcar aguas profundas en vez de quedarse anclados. Aprender de la experiencia de la aventura, en vez de otear el horizonte desde la costa.

Conocer nuestra verdadera identidad, la suma de nuestros valores, creencias, capacidades y comportamientos nos hace tomar conciencia de nuestra misión en la vida. Es nuestro potencial, el liderazgo interior.

EL LIDERAZGO INTERIOR

En un mundo donde los *qué* se copian y pegan y el *cómo* lo pueden hacer mejor las máquinas, un liderazgo desde el *porqué* es más necesario que nunca. Lo que nos diferenciará será la creatividad y la pasión para saber crear un nuevo valor. Es lo que ha ocurrido con la *pirámide de los niveles lógicos*.

El entorno y nuestros comportamientos guardan mucha relación con el mundo exterior, mientras que el resto, las capacidades, los valores y creencias, la identidad y la misión, ocurren en nuestro mundo interior.

De manera que son muchos, entre ellos la profesora Olga Cañizares[11], quienes prefieren dibujarla como un iceberg, esa masa de hielo flotante que solo muestra una novena parte sobre la superficie y el resto se encuentra bajo el mar. A la parte visible la llaman *entorno*; a la submarina, *intorno*.

---

11   Cañizares, O. y García de Leániz, C. *Hazte experto en Inteligencia Emocional*. Ed. Desclée de Brouwer. 2015.

Esta visión nos recuerda la *teoría de los cuatro cuadrantes* de Wilber. Para cambiar una creencia, para descubrir nuestra identidad y nuestra misión tenemos que mirarnos dentro, en nuestro corazón. El poder está dentro de nosotros. Es una puerta que se abre hacia adentro.

Pero esto, que suena tan fácil y tan bonito, es un largo y duro viaje al interior de cada uno de nosotros. Como dijo Marshall Rosenberg, el creador de la *Comunicación No Violenta*, «*la distancia entre la cabeza y el corazón es la distancia más grande que un hombre jamás pueda recorrer*».

Para cambiar lo exterior hay que cambiar lo interior primero. Se necesita un aumento de consciencia. El *intorno* es por tanto radicalmente incompatible con el paradigma naranja, fundamentado en el reconocimiento externo. La forma de hacer negocios del capitalismo se ha fundamentado en la inacabable codicia de un ego que siempre quiere más, al que todo le parece insuficiente. Busca fuera lo que no quiere ver dentro.

Se ha basado en la *trampa de la felicidad*: de pequeños nos enseñaron que la felicidad estaba en ser los primeros, en quedar delante de los demás, en subir a lo más alto del podio. Solo el que llegaba el primero tenía la recompensa de ser feliz, ese premio que todos anhelamos.

Y, engañados, nos pasamos toda la vida empeñados en estar por encima del resto. Siempre. Da igual para lo que sea, un juego o una simple conversación. Siempre los primeros, siempre por encima. Imponiendo nuestra razón a los demás. Al precio que sea.

Esa trampa es el origen de todas nuestras peleas diarias y también de todas nuestras inseguridades, de la falta de autoestima de millones de personas que se someten a crueles sacrificios para que les reconozcan su valía y las quieran.

La gran mentira de este tiempo es pensar que somos incompletos, que nos falta algo, que necesitamos a otro, o a otra, para alcanzar la plenitud. Nos han vendido esa idea de amor en las películas de los domingos por la tarde. Perseguimos un ideal que simplemente es imposible de alcanzar.

El error es empeñarnos en ser especiales y no agradecer lo que ya somos de serie. Quien entienda la vida como una carrera jamás logrará el triunfo de la felicidad. Siempre estará incompleto, siempre quedará una cumbre por subir, un más allá que alcanzar.

Entonces, ¿por qué lo hacemos? Porque hay muchos interesados en que perdamos ese poder que ya teníamos de niños y nos convirtamos en auténticos mendigos del reconocimiento externo.

Convertimos nuestra existencia en una *gynkana* para conquistar nuestra dosis diaria de valor, que reclamamos a otros: a nuestras parejas, a nuestros jefes, a nuestros amigos, sin saber que no necesitamos a nadie que nos la proporcione porque es tan nuestra como la propia vida. El valor que llega con el viaje interior.

La existencia cambia cuando descubres que todo eso es una soberana mentira, porque somos seres completos, ejemplares únicos de la especie más evolucionada de la Tierra. Como decía C.G. Jung, «*quien mira fuera, sueña; quien mira dentro, despierta*». Este es el verdadero liderazgo.

Hasta las mentes más científicas han terminado por claudicar. Los ingenieros de Google son ahora los principales defensores de usar el talento desde el alma, utilizando la milenaria arte de la meditación, rebautizada ahora con un nombre mucho más comercial: el *mindfulness*.

Chade-Meng Tan ha creado un programa de crecimiento personal con la marca del buscador por Internet, *Busca en tu interior*, basado en la inteligencia emocional y la atención plena, el cual garantiza que mejora la productividad, la creatividad y la felicidad.

Se basa en la idea de que la felicidad es una habilidad que puede entrenarse. Para ello se desarrolla la atención plena en el momento presente a través de la respiración. Cuando lo logramos, podemos ofrecer a cualquier persona el regalo más precioso: nuestra presencia. El *mindfulness* y la meditación son una gran gimnasia para mejorar nuestra consciencia.

Pero, ojo, algunos lo usan como técnica para potenciar la concentración, en una época en la que el exceso de información y estímulos tecnológicos provocan una gran dificultad para concentrarse. La atención plena es mucho más que gimnasia mental para mejorar la atención. Es darnos cuenta de cuáles son nuestras emociones, nuestros comportamientos y a qué obedecen estos, si en nuestras vidas respondemos desde el corazón o reaccionamos desde el ego.

Aquí de nuevo nos encontramos con el «postureo». Es el famoso *wishful thinking* que, con preciosos mensajes motivadores y frases maravillosas para colgar en Facebook, nos promete felicidad sin tener que hacer gran cosa.

El ser humano se asemeja a un fruto que tiene una cáscara exterior muy dura, otra capa intermedia y una exquisita semilla en el interior: nuestra coraza, nuestra vulnerabilidad y nuestra esencia. Casi siempre habitamos en nuestra coraza, ese personaje público que nos inventamos a medida que vamos creciendo para que no nos haga daño la sociedad. La coraza nos da seguridad y control.

Para llegar a nuestro interior, a nuestra verdadera esencia, tenemos que atravesar la tierra media de la vulnerabilidad, donde se almacenan todas nuestras heridas, nuestros miedos y el recuerdo de todas nuestras experiencias dolorosas. Pero, conocerlos, y reconocerlos, es el comienzo de la sanación. Solo podemos crecer como personas y aumentar nuestra consciencia si buceamos de lleno dentro de nuestra vulnerabilidad. Solo llegamos a saber quiénes somos realmente cuando también conocemos nuestras sombras y las aceptamos.

Pero este ejercicio requiere de mucha consciencia para detectar nuestras heridas y observarlas sin juzgar. Únicamente desde la aceptación llega la sanación. Ignorarlas o combatirlas solo logra perpetuarlas. Para trascenderlas, hay que incluirlas en nuestra identidad. Con naturalidad.

Por último, la esencia es tu naturaleza intrínseca, tu verdad, el ser único y perfecto que ya eres. Es el potencial que hay dentro de cada uno, al que se llega tras un largo camino de descubrimiento interior.

Hay muchas personas que quieren disfrutar de su esencia pero tienen un tremendo pánico a meter la puntita de los pies en las aguas revueltas de su propia vulnerabilidad. Para ellos se inventó lo que llamo los «vaporizadores», que imitan la experiencia de estar recién duchado pero sin tener que mojarte con tu vulnerabilidad. Es el famoso *by-pass espiritual*. La *pirámide de los niveles lógicos* demuestra que solo es posible llegar a nuestra esencia desde dentro, nunca desde fuera o desde lo externo.

De nuevo volvemos al *círculo de oro*. Podemos aprender muchas metodologías (el *qué*), adoptar los comportamientos que nos proponen (el *cómo*), pero solo las incorporaremos cuando dejen de estar en nuestra mente y pasen a estar en nuestras creencias (el *porqué*).

La diferencia será un mayor nivel de consciencia y todo lo que supone pasar del *ego* al *eco*. El liderazgo interior es reconocer nuestra propia esencia. En el camino descubriremos nuestra vulnerabilidad. Es lo que diferencia el buen liderazgo. Los líderes de antes lo sabían todo; los de ahora no tienen todas las respuestas: su verdadera fortaleza es aceptar sus debilidades. Es reconocer el «no lo sé». Frente al jefe que mostraba su fuerza exterior –aunque en realidad esto solo era reflejo de todos sus miedos interiores–, el líder muestra sus emociones y fomenta la cercanía. Aceptarse como ser humano y todo lo que ello implica aporta, es la base del nuevo paradigma de liderazgo.

En el libro *An everyone culture*[12], Robert Kegan y Lisa Lahay afirman que todos tenemos un segundo trabajo no remunerado en nuestras empresas: tratar de ocultar nuestras debilidades. Y se preguntan cómo sería si pudiéramos hacer pública nuestra vulnerabilidad y trabajar sin todas esas limitaciones. Estos autores concluyen que la razón por la que hay tantas personas frustradas con sus actuales empleos no es el exceso de cargas de trabajo, sino trabajar durante mucho tiempo sin experimentar un crecimiento personal.

Volvamos a la idea de liderazgo interior, de autoliderazgo. Cuando conectas con el ser único que ya eres y descubres que estás rodeado de otros seres excepcionales, se pierde todo interés por ser superior a otros; no te sientes inferior, ni dejas que otros te lo hagan sentir. Somos entonces un regalo para el mundo y el mundo te obsequia y te sorprende con lo más inesperado. Es el paraíso interior.

Cuando acepta el poder de los otros, el líder se convierte en un facilitador de lo que está destinado a pasar, a que emerja un liderazgo colaborativo entre todos. Ese es el verdadero poder y tiene que surgir del liderazgo interior de cada uno para reconocer que todo es perfecto. El Creador nos hizo perfectos tal como somos. A todos y a cada uno.

Querer más es una pelea inútil que solo proporciona sufrimiento. Cuando te rindes y aceptas la derrota, te llega la recompensa que siempre buscaste. Todo lo que necesitamos, ya lo tenemos. Siempre lo tuvimos. Cada uno a su manera. Descubrirlo es un eterno agradecimiento por conectar con el origen de todo, del que todos somos. El liderazgo interior se resume en una palabra: gracias.

---

12   Kegan, R., Laskow Lahey, L. *An everyone culture: becoming a deliberately developmental organization.* Harvard Business School Publishing. 2016.

LA CUARTA ESTRELLA MICHELÍN

A nuestro menú solo le falta el postre. Hemos preparado una estrella muy especial: eres tú.

Algunos autores como Barbara Kellerman[13] hablan del «final del liderazgo». Al menos, bajo el paradigma del control que imperó en la era de la industrialización. ¿Qué papel tiene el liderazgo en un tiempo en el que los ciudadanos están empoderados y reclaman su derecho a participar en cualquier proceso de decisión?

Estamos avocados a una *talentocracia*, un tiempo en el que se impone la colaboración, la cooperación y la cocreación con el talento de todos. El *meme* ámbar nos dejó la idea de que el liderazgo lo ostentaba el más fuerte frente a los más débiles. Los nuevos tiempos nos demuestran que la manera de ser más fuertes es todos juntos, mostrándonos tal y como somos.

Si dejamos de pensar en el liderazgo como el rol de una persona y lo entendemos como una actividad, como una función, cobra todo el sentido que se pueda repartir entre todos y cada uno de los miembros del grupo, que aceptan todo lo que supone tomar decisiones pero también las responsabilidades que ello conlleva. En definitiva, todos los integrantes piensan como un líder.

Lo llevamos haciendo muchos años quienes conducimos desde que en algunas plazas cambiaron el control de los semáforos para regular el tráfico por rotondas en las que cada conduc-

---

13   Kellerman, B. *The end of Leadership*. Harper Collins. 2012.

tor toma la responsabilidad en la circulación, eso sí, bajo unas normas claras que la agilizan.

Ese es el estilo de liderazgo que viene. Un nuevo paradigma en el que todos somos estrellas, todos somos líderes. De hecho, siempre los fuimos. ¡Déjame que te lo explique!

Piensa en el valor que tendría una pieza única en una subasta. Incalculable, ¿verdad? No hay dos personas iguales, ni siquiera hay dos cosas iguales o dos instantes iguales. Hasta los hermanos siameses son diferentes. Todos somos distintos, únicos. Nadie hay igual a cada uno de nosotros. Este es nuestro gran tesoro. Esta es la única y gran verdad. El resto, como ya te he contado, es la gran mentira que nos han hecho creer y que nos siguen vendiendo.

En la pelea por ser un número uno, todos ganamos el gran premio de la envidia. Mirar lo bueno que hay en el otro y no valorar todo lo que tenemos es la causa de toda la infelicidad del mundo, una venda demasiado oscura que ponemos ante nuestros ojos y que nos impide ver toda la abundancia y el amor del universo. Así de sencillo.

La trampa de la vida tiene un nombre: compararse. En el momento en que comienzas a buscar parecidos y semejanzas con cualquier otro, pierdes todo el poder de ser único, dejas de ser perfecto.

El gran reto de la vida es el descubrimiento de todo aquello que nos hace únicos, sentirnos orgullos por ser así y vivir auténticamente esa forma de ser que tenemos cada uno. En definitiva, vivir la vida a la que estamos destinados: vivir nuestra vida y no la de otros.

El día que se descubre qué es uno supone una gran liberación: se deja de luchar contra la propia obsesión por ser perfecto, el mejor, el campeón que recoge las mieles de la gloria.

Recuérdalo: todos somos un número uno. Todos somos líderes. Somos perfectos desde el primer minuto de nuestra vida, desde que el Creador quiso que naciéramos en la familia en que lo hicimos, con los padres que tuvimos y toda la experiencia que hemos tenido desde entonces. No merece la pena luchar contra ello, es energía perdida.

La existencia se parece más a esos concursos de cocina en donde le dan algunos ingredientes a un chef que tiene que hacer con ellos la mejor receta. De eso va el éxito en la vida: de preparar el bocado más suculento con los ingredientes únicos que nos ha dado la vida, de lograr nuestra mejor receta para nutrir a los demás.

En tus manos está lograr la cuarta estrella Michelín: eres tú.

CUARTO ACTO

NUEVAS CREENCIAS PARA LIDERAR EN UN MUNDO—BALA

LA TRANSFORMACIÓN DIGITAL VA DE PERSONAS

Al tiempo que vivimos le han llamado *VUCA world*, una acrónimo que surge de unir las primeras letras de las palabras inglesas *Volatile, Uncertain, Complex* y *Ambiguous* (volátil, incierto, complejo y ambiguo).

Hay otra metáfora que explica mejor el nuevo paradigma de liderazgo: un *mundo-bala*, en referencia a la disrupción que supuso la aparición del tren de alta velocidad japonés en la industria ferroviaria.

Era 1958 y el gobierno japonés quería unir por tren los 400 kilómetros que separan Tokio de Osaka de la forma más rápida posible[14]. No importaba el dinero que costara. Tras meses de trabajo, la propuesta que presentaron los ingenieros de Japan Railways, con una velocidad media de 100 kilómetros a la hora, muy rápida para aquella época, fue desechada por sus directivos: querían que el nuevo tren viajara el doble de rápido.

Tras meses de trabajo, la segunda propuesta revolucionaba el concepto de tren. Se cambiaba todo, desde una nueva anchura para las vías a la construcción de numerosos túneles para acortar los trayectos, pasando por la mejora de la aerodinámica de la locomotora y el resto de vagones. El primer tren de alta velocidad del mundo se inauguró seis años después coincidiendo con la celebración de los Juegos Olímpicos de 1964 en Tokyo. Iba a 200 kilómetros a la hora.

---

14   García, H. y Miralles, F. *El método Ikigai*. Ed. Aguilar. Pág. 31 y ss. 2017.

Más allá del hito ferroviario que supuso su puesta en marcha, el *tren-bala* encarna toda una filosofía de gestión, que se conoce con la palabra japonesa *Shinkasen*: si haces algunas innovaciones, solo lograrás ir algunos kilómetros más deprisa; pero, si quieres ir el doble de rápido, tienes que cambiarlo todo y partir de una nueva forma de pensar radicalmente distinta.

La rapidez exponencial con la que avanzan las tecnologías en red en esta segunda década del siglo XXI nos obliga a que la digitalización se acompañe de la implantación de un pensamiento *Shinkasen* en la gestión de los equipos y las organizaciones. Toca desaprender cuanto creíamos saber e ir hacia nuevas soluciones, más allá de los lugares comunes de siempre.

Esta perspectiva es la que utilizan las llamadas *empresas unicornio*, *startups* tecnológicas cuya valoración supera los 1.000 millones de dólares, como Uber, AirBNB, Pinterest, Dropbox, Wework, Spotify o Evernote. Su desempeño ha inspirado las enseñanzas de la Singularity University, un centro docente de California que cuenta con el respaldo económico de Google y la NASA, y que ostenta la misión de crear organizaciones que sean diez veces mejores, más rápidas, ágiles y baratas que las compañías tradicionales. Es el nuevo estilo de las empresas del siglo XXI.

El director ejecutivo fundador de la Singularity, Salim Ismail, comparte la receta de cómo lograrlo en el libro *Organizaciones Exponenciales*. Posiblemente, sea el que mejor ha sabido entender los cambios de la revolución digital, que resume en cinco claves externas (SCALE), cinco internas (IDEAS)[15] y la persecución de una misión o propósito transformador. Las características externas de las empresas del siglo XXI son:

---

15   Ismail, S. 2016. Capítulos 3 y 4.

- **S:** *Empleados bajo demanda* (*staff on demand*). Las organizaciones exponenciales, para ser más rápidas, funcionales y flexibles prefieren captar puntualmente el mejor talento del mercado que contratarlo fijo. Tienen la creencia de que las habilidades envejecen rápidamente y más si no se usan habitualmente. Como ya mencionamos, esto obliga a los trabajadores del siglo XXI a gestionarse como empresas, fortaleciendo su marca personal.

- **C:** *Comunidad y entorno*. Si construyes comunidades y haces cosas en público, no tienes que encontrar a las personas adecuadas; ellas te encuentran a ti.

- **A:** *Algoritmos*. Utiliza la monitorización de los datos más relevantes de los clientes para que la tecnología genere un conocimiento automático que proporcione productos y servicios más efectivos, personalizados y eficientes.

- **L:** *Activos externos* (*leverage assets*). Si tus activos se basan en la información o son un bien común, como un coche o una habitación, es mejor tener acceso a él que tenerlo en propiedad.

- **E:** *Compromiso* (*engagement*). Las personas comprometidas son las mejoras embajadoras de una organización y las que más se implican con ella.

Internamente, Salim Ismail considera que las organizaciones exponenciales tienen estos elementos que las caracterizan:

- **I:** *Interfaces* (*interfaces process*). Al acceder a ellas, un usuario puede autoabastecerse gracias a una presentación que favorece la automatización de las acciones y evita las actuaciones manuales.

- **D:** *Cuadros de mando* (*dashboards*). Se recogen datos en tiempo real que permiten saber cuál es el nivel de progreso para alcanzar los objetivos planteados.

- **E:** *Experimentación.* Se basan en la mejora constante. Cuando antes conozca si mis hipótesis sobre mis clientes son ciertas o no, antes puedo reaccionar. Quien aprende más rápido, gana. Cuando el fracaso no es una opción, solo hay incrementos lineales.

- **A:** *Autonomía.* Las organizaciones tienen sistemas de gobernanza con equipos multidisciplinares que se auto-organizan y operan con una autoridad descentralizada.

- **S:** *Social.* Se usan tecnologías sociales para crear conexión, compromiso, confianza y transparencia.

Lo más sorprendente de este análisis es que solo cuatro de los diez elementos que garantizan el éxito en una organización exponencial tienen un componente propiamente tecnológico: Algoritmos, Activos externos, Interfaces y Cuadros de mando. Los otros seis dependen en mayor o menor medida de las personas.

De manera que podemos aseverar que la interacción humana es el factor más decisivo para que triunfe una organización en un mundo exponencial. La transformación digital va más de liderazgo que de procesos. Quienes lo fían todo a perfeccionar soluciones más eficientes y a menor coste se están perdiendo la parte más importante de la revolución digital: las personas.

Pero, atención, utilizar los métodos tradicionales de liderazgo solo nos garantiza, como mucho, ir unos kilómetros por hora más rápido. Para ir a la velocidad que impone el *mundo-bala* hay que aplicar la filosofía *Shinkasen* al liderazgo: cambiarlo todo y partir de una nueva forma de dirigir totalmente diferente.

En este cuarto acto encontrarás las principales creencias que inspiran el nuevo paradigma de liderazgo, la *talentocracia*.

Comenzamos poniendo en cuestión los premios y las recompensas como método para influir en los demás. Después planteamos una alternativa, el compromiso, el nuevo *porqué*. La tercera creencia resalta la necesidad de un propósito transformador (el *para qué*). En cuarto lugar, subrayamos *cómo* la digitalización nos avoca a trabajar en comunidad y *cómo* el liderazgo tiene que crear y cuidar de esa comunidad.

Después, nos centramos en las prácticas que permiten hacer esto posible dentro de las organizaciones (el *qué*). Las tecnologías sociales permiten crear Conexión, Compromiso, Confianza y Transparencia. La autonomía se logra a través de métodos de auto-organización que operan con autoridad descentralizada. Y, finalmente, nos fijaremos en dos modelos que favorecen la experimentación: el *lean* y el *scrum*.

Con nuestra octava creencia, dibujamos el panorama en el que se desarrollará el trabajo del futuro.

Terminamos en el interior de las personas, explicando cómo podemos cambiar el mundo con nuestro comportamiento.

EL PALO Y LA ZANAHORIA (CASI) NUNCA FUNCIONAN

Un pequeño experimento hizo claudicar a una de las premisas básicas del liderazgo en la era industrial. Encargaron a dos grupos de personas resolver un reto, pero a uno le prometieron de antemano una suculenta recompensa.

Cuando todo indicaba que la gratificación motivaría a ese grupo y lograría mejores resultados, sucedió todo lo contrario. El grupo que no había recibido ninguna promesa de premio logró la solución, mientras que el otro se quedó muy lejos de cumplir.

La evidencia demostró que la recompensa había limitado el enfoque del segundo grupo, que había pensado más en lo que iba a ganar que en posibles alternativas para superar el reto. El escritor Daniel Pink puso este y otros ejemplos en su libro, *La sorprendente verdad sobre qué nos motiva*, para concluir que «*las metas pueden provocar problemas sistemáticos en las organizaciones debido a la limitación del enfoque, a conductas poco éticas, aumento del riesgo, descenso de la cooperación y descenso también de la motivación intrínseca*»[16].

Sus investigaciones le llevaron a asegurar que establecer recompensas para motivar a los miembros de una organización conllevaba un grave problema: al convertir una gratificación externa en el único destino importante, había gente que elegía el camino más rápido para alcanzarla, aunque fuera el camino menos noble. De esta forma estableció una relación directa entre los atajos por lograr recompensas externas y la corrupción, ya

---

16   Pink. D. *La sorprendente verdad sobre qué nos motiva*. Gestión 2000. 2010.

sea falsificando cuentas, retocando los resultados finales o, en el caso de los deportistas, consumiendo sustancias prohibidas para lograr mejores resultados.

En contraposición, descubrió que si la gratificación es la propia actividad, los atajos desaparecen. En otras palabras, cuando la recompensa es intrínseca a la persona no hay comportamientos poco éticos porque a quien se engaña es a uno mismo.

De hecho, con las recompensas, con los premios, se produce una gran paradoja: las personas menos motivadas por perseguir recompensas extrínsecas son las que al final las acaban recibiendo.

Pink detectó que los premios acaban por tener un efecto pernicioso, contrario al que persiguen: eliminan la motivación intrínseca, reducen el rendimiento, aplastan la creatividad, desbordan la buena conducta, potencian las trampas y la corrupción, son adictivas y estimulan el pensamiento a corto plazo.

Entonces, ¿qué es lo que realmente motiva a las personas? Para los trabajos del siglo XXI, adquirir autonomía o el deseo de dirigir nuestras vidas; el dominio, o la urgencia de mejorar más y más en algo importante; y o la finalidad, o el anhelo de hacer lo que hacemos al servicio de algo que está más allá de nosotros.

Por tanto, en el nuevo paradigma de liderazgo del siglo XXI la forma de influir en las personas no es ni con premios (*meme* naranja) ni con castigos (*meme* ámbar), sino con prácticas (el *qué*) que dan autonomía a los trabajadores, establecen un compromiso (el *cómo*) o vínculo emocional con los empleados y clientes, y finalmente tienen un propósito (el *para qué*) transformador que las guía. Esta es la creencia (*por qué*) en la que se fundamenta la *talentocracia*.

Curiosamente, las empresas del siglo XXI de las que hablamos en el capítulo anterior han incorporado estas creencias plenamente a sus procesos de trabajo. Salim Ismail defendía que las personas comprometidas son las mejores embajadoras de una organización y las que más se implican en ella. Pero eso es confundir la consecuencia con la causa. Las personas comprometidas lo son primero con ellas mismas. Ese compromiso interno las lleva a mejorar día a día en aquello que les importa realmente. Y como consecuencia de su compromiso interno se implican con la organización.

David Logan describió en su libro *Tribal leadership*[17] que hay cinco tipos de trabajadores según su nivel de compromiso.

- *Nivel 1: Piensan que «la vida es una mierda».* Su comportamiento es hostil, desesperado y violento. Se unen entre ellas para salir adelante en un mundo violento e injusto. Son un 2% de la población. La lógica de estos «antisistema» es querer que los demás estén mal porque yo estoy mal, para que así todos sientan lo mal que me siento. El resultado es que no se arregla nada y se destruye todo. Es el peor de los caminos, una autopista a la destrucción total y una epidemia masiva de odio.

- *Nivel 2: Su creencia es «mi vida es una mierda».* Se comportan con resignación, apatía y desmotivación. Se cruzan de brazos ante la vida. Logan calcula que son el 25% de la población. Son las típicas personas que llevan años haciendo lo mismo en el mismo sitio. Están desmotivadas y sin ningún tipo de incentivo personal.

- *Nivel 3: Su creencia: «yo soy genial y tú no».* Su forma de comportarse es competitiva, de manera individual. Buscan el éxito, incluso pasando por encima de otros. Son el 49%. Tienen recompensas individuales según su volumen de ventas o sus objetivos empresariales o comerciales. Su cultura es que vales como persona mientras estás en la tribu y alguien

---

17   http://www.triballeadership.net/book

puede aprovecharse de ti. Si te vas de la empresa, todo el mundo se olvida de ti.

- *Nivel 4: Creen que «somos geniales» como grupo.* Suelen tener un grupo o adversario con el que rivalizan y cuanto mayor es el enemigo, más poderosa es esta tribu. Su forma de organizarse es como una tribu con un propósito común y unos valores compartidos. Son un 22%.

- *Nivel 5: Su creencia es «la vida es genial» y piensan que tienen un potencial altísimo.* Su comportamiento responde al sentimiento de que el grupo va a hacer historia. No se trata tanto de vencer a alguien como de trabajar por tener un impacto global. Es un tipo de liderazgo de visión e inspiración para cambiar el mundo. Son solo un 2%.

Lo más curioso de esta estratificación por niveles de motivación es la relación directa con los paradigmas de la *dinámica de la espiral*, con los *memes* rojo, ámbar, naranja, verde y *teal*. Pasar a un nivel superior implica, no solo un mayor nivel de consciencia, sino también de implicación y compromiso. Como consecuencia hay una mayor efectividad. Logan asegura que los niveles uno, dos y tres tienen bajo grado de desempeño y los niveles cuatro y cinco, superior.

Para liderar en un *mundo-bala* hay que estar dispuesto a cambiar el mundo. Y tú, ¿lo estás?

EL GUARDIÁN
DE LA MISIÓN

Recordando los años que pasó encerrado en un campo de concentración, el filósofo Victor Frankl se preguntó muchas veces por qué algunas personas habían podido sobrevivir a la mayor de las miserias humanas y otras en cambio se abandonaron a su muerte. Llegó a la convicción de que aquellos que tenían algo que los esperaba fuera, un motivo para sobrevivir, lo hicieron de verdad.

Victor Frankl es una de las personas que más ha escrito sobre felicidad, aunque no era el objetivo principal de sus textos. Advierte también de una gran paradoja: *«el éxito, como la felicidad, no puede perseguirse; debe ser un resultado, y esto solo ocurre como efecto involuntario de la dedicación personal a una causa más grande que uno mismo».*

Frankl defiende que la motivación fundamental del ser humano es la búsqueda de un sentido para la propia vida. Lo que perseguimos, más allá de poder y placer, es un sentido a lo que hacemos. *«Yo diría que lo que el hombre quiere realmente no es, al fin y al cabo, la felicidad en sí, sino un motivo para ser feliz. En cuanto lo encuentra, la felicidad y el placer surgen por sí mismos».*

¿Cuál es tu motivo para cambiar el mundo? Si recuerdas cuando te hablé de la *pirámide de los niveles lógicos*, el propósito está en la cúspide, lo condiciona todo. Es el *para qué*, lo que diferencia al mejor chef de un simple cocinero.

Otro tanto ocurre con las organizaciones. Según el estudio *Meaningful Brands® 2017*, realizado por Havas Group, el 91% de las marcas es prescindible para los consumidores[18]. En otras palabras, a los consumidores no les importaría que dejaran de existir. En ese estudio, hay otro dato que explica la causa: el 85% espera que las marcas hagan más para contribuir a la mejora de nuestra calidad de vida y bienestar.

Tras la crisis del 2008, las personas dejaron de creer en las instituciones y a los políticos. Cada vez que van a comprar, están votando por aquellos valores que defienden. Las marcas han dejado de pertenecer a sus directivos y han comenzado a serlo de sus clientes o usuarios. Las marcas ya no son lo que dicen sus anuncios que son sino lo que Google dice que son.

Esto obligó a escuchar a los *ciudadanos digitales*, hiperconectados, empoderados y *prosumidores* (productores+consumidores) de contenidos en las redes sociales: sus quejas, sus reclamaciones o simplemente sus ganas de conversar. Quienes así actuaron, poniendo al consumidor en el centro de su estrategia, obtuvieron indirectamente como resultado una mayor satisfacción, lealtad y retención de sus clientes, con el consiguiente aumento de la facturación y la reputación.

Brian J. Robertson, fundador de HolacracyOne, sitúa el propósito de una organización dentro de este contexto: «¿Qué es lo que esta organización quiere ser en el mundo, y qué es lo que el mundo necesita que sea esta organización?[19]

Las organizaciones, al igual que las personas, tienen una vocación. Al menos las que más crecen, los unicornios. Por ejemplo, la plataforma de divulgación TED busca «ideas dignas de difundir», el buscador Google quiere «organizar la información mundial» y la comunidad de inventores Querky aspira a «hacer la invención accesible».

Es su *para qué*. No se trata de algo filosófico, ni tampoco de una declaración de misión simplona de la que nadie se acuerda.

---

18   http://www.economiadehoy.es/noticia/14374/empresas/el-91-de-las-marcas-son-prescindibles-para-el-consumidor-espanol.html

19   Robertson, B. *Holacracia*. Ed. Empresa Activa. 2015. Pág. 44.

Es, repito, tu motivo particular para cambiar el mundo y tu energía para moverte cada día tanto tú como todos los miembros de tu equipo.

Jeff Sutherland, el inventor de *scrum*, el método de organización que han adoptado los departamentos de informática y que se está extendiendo al resto de la organización, entiende el propósito «como aquello que une a los equipos para crear grandes cosas, y eso requiere que todos, no solo vean el objetivo final, sino que trabajen incrementalmente en dirección a ese objetivo»[20].

Para descubrir tu *para qué*, como vimos en la pirámide de Dilts, se hace imprescindible conocer primero nuestra identidad. Para ello es básico que el grupo o la organización haga una labor de introspección para descubrir qué es lo que quiere emerger de ella. Como propone Robertson se trataría de responder a dos cuestiones: «¿cuál es el potencial más profundo que esto puede ayudar a crear o a manifestarse al mundo? ¿Y por qué lo necesita el mundo?

En la visión del mundo del paradigma *teal*, el estilo de liderazgo no se ejerce de manera autoritaria o participativa sino igualitaria, de forma que el propósito se convierte en la estrella polar que guía nuestro rumbo a todos los niveles y en cada una de las funciones de la organización. No solo es nuestra referencia para cambiar el mundo, sino que agrupa alrededor suyo a un movimiento cultural emergente que simpatiza con ese propósito.

El objetivo ya no es lograr beneficios, como ocurría en el *meme* naranja, sino conseguir el propósito evolutivo para el que nació la organización. Cada uno de sus integrantes hace un trabajo interior para sentir de qué manera le resuena ese propósito: se deja llevar más por el alma que por el ego.

---

20   Sutherland, J. *Scrum, El nuevo y revolucionario modelo organizativo que cambiará tu vida*. Ed. Planeta. 2014. Pág. 37.

En este contexto, el líder es un guardián del cumplimiento fiel de la misión de la organización. En cada decisión, los integrantes de la misma se preguntan cuál es la mejor manera de lograr ese propósito.

A MAYOR APERTURA, MAYOR POTENCIAL DE CRECIMIENTO

La *talentocracia* no se entiende sin la *digitalización*: una revolución en constante estado de actualización y una sociedad que se reinventa en *beta permanente*. Detrás de las redes sociales, el motor de la web 2.0 había todo un movimiento social que acababa de nacer y que los escritores Charlene Li y Josh Bernoff definieron en el libro *El mundo Grondswel*[21]: «*el movimiento espontáneo de personas que utilizan Internet para comunicarse, experimentar por sí mismas y obtener lo que necesitan de otros: información, apoyo, ideas, productos y capacidad negociadora*».

Este libro fue el primero en abordar una nueva visión del mundo en donde la gente comenzaba a utilizar las tecnologías para obtener lo que necesitaba, pero no de las empresas, sino de otras personas anónimas, de otros iguales. Una sociedad que abrazaba unos nuevos valores en las relaciones entre personas: entablar conversaciones, participación, compartir y ayudar.

La biblia que dio origen a una nueva forma de pensar apareció unos años antes, a comienzos de siglo, con la publicación del *Manifiesto Cluetrain*, cuyas primeras páginas anticipan un nuevo mundo emergente:

«*Ha empezado una poderosa conversación global. A través de Internet, la gente está descubriendo e inventando nuevas formas de compartir conocimiento relevante a gran velocidad. Como conse-*

---

21 Li, C y Bernoff, J. *El mundo Groundswel. Cómo aprovechar los movimientos espontáneos de la Red. Ed. Empresa Activa.* 2008. Páginas 12 y ss.

cuencia directa, los mercados incrementan su inteligencia y lo hacen a más velocidad que la mayoría de las empresas. Y los mercados se forman de conversaciones. Sus miembros se comunican en un lenguaje natural, abierto, franco, directo, gracioso y a menudo escandaloso. Tanto si es para narrar, quejarse, bromear o ponerse serio, la voz humana es auténtica por naturaleza. No puede imitarse. Muchas empresas, por el contrario, solo saben hablar con el insulto y el monótono acento de sus declaraciones de objetivos y sus folletos comerciales, con esa voz que salta automáticamente cuando la línea está ocupada y que parece decir: 'su llamada es importante para nosotros'. El mismo modo de siempre, las mismas mentiras».

A través de 95 tesis, va desgranando el paso de la era industrial, con sus mensajes envueltos en el celofán de la publicidad, a una nueva sociedad en la que son las personas las que comparten sus experiencias y opiniones en Internet: el nuevo poder. La última de las 95 tesis no puede ser más admonitoria de lo que estaba por llegar: «*Estamos despertándonos y conectándonos. Estamos observando. Pero no estamos esperando*».

Este movimiento eclosionó de manera espontánea tras la crisis financiera de 2008 a través de las redes sociales en todo el mundo, desde los indignados del 15M en España hasta la Primavera Árabe. Atónitos por su capacidad de movilización, muchos se preguntaban quién estaba detrás, quién los lideraba, sin entender que los movimientos en Red se caracterizan por no tener una cabeza que los guíe.

El empuje 2.0 no se puede vencer con los medios clásicos, sino que la mejor estrategia es colaborar con ella, por medio de mensajes y, sobre todo, acciones que despierten su entusiasmo. El compromiso, es decir, la capacidad de entusiasmar y comprometerse, y la creación de valor son las nuevas monedas en la era digital.

Si la *web 2.0* introdujo la interacción y la *omnidireccionalidad* en una sociedad hiperconectada, el siguiente paso llega cuando se aprovechan las conexiones *online* para crear experiencias *offline*. Es el comienzo de la tercera revolución industrial, gracias a la capacidad de crecimiento exponencial de las redes y el coste marginal cero de los productos *bits* como la información. Una vez que se paga el coste de crear el primer *infoproducto*, se puede utilizar después infinitas veces sin apenas coste adicional alguno.

El gran divulgador de la nueva sociedad colaborativa fue Jeremy Rifkin, en su libro *La Sociedad de coste marginal cero*:

«Si el mercado capitalista se basa en el interés personal y está impulsado por el beneficio material, el procomún social está motivado por el interés colaborativo y lo impulsa un profundo deseo de conectar y compartir con los demás. Si el primero fomenta el derecho de propiedad y la búsqueda de autonomía, el segundo promueve la innovación desinteresada, la transparencia y la creación de comunidad»[22].

Aunque el mejor análisis de las plataformas colaborativas que aplicaron este modelo, como Uber, AirBNB, Instagram, Whastsapp, Waze, Foursquare o Evernote, con crecimientos superiores al 50% entre 2008 y 2013, es el del consultor Javi Creus, autor de un modelo o matriz al que llama *@pentagrowth*, y en el que se determinan las cinco palancas que explican este nivel de crecimiento exponencial[23]:

- *Conectar.* Creus asegura que *«cuanto mayor es el número de nodos con los que está conectada una organización, mayor es su potencial de crecimiento»*. Como en el resto de palancas, establece diferentes niveles: en este caso, social, móvil e Internet de las cosas. Por tanto, una empresa basada en la movilidad podrá crecer más que una simplemente social. De igual modo, aquellas que conectan «las cosas» a una red cre-

---

22   Rifkin, J. *La sociedad de coste marginal cero. El Internet de las cosas, el procomún colaborativo y el eclipse del capitalismo*. Ed. Paidós Estado y Sociedad. 2014. Capítulo 1.

23   www.ideasforchange.com/pentagrowth

cen más que aquellas que son simplemente móviles. Esta ley explica por qué ganamos al compartir nuestros conocimientos en las redes sociales: al ampliar nuestra red de contactos, estamos ensanchando nuestro potencial de crecimiento.

- *Agregar.* La segunda palanca de crecimiento está relacionada con la propiedad de los activos de la empresa, esto es, si están distribuidos o centralizados. La regla dice así: «*cuanto menor sea el esfuerzo que tenga que realizar una organización para aumentar su oferta disponible, mayor es su potencial de crecimiento*». Un ejemplo es el de iStockphoto, ideado por un grupo de diseñadores gráficos: una plataforma para que fotógrafos anónimos pudieran comercializar sus instantáneas. Enseguida, superó en tamaño al principal banco de imágenes del mundo, Getty Images, que acabó comprando por cincuenta millones de dólares a la plataforma competidora.

- *Empoderar.* Esta tercera regla hace referencia a los diferentes roles que pueden utilizar los usuarios de un producto o servicio. Dice así: «*cuantas más capacidades de sus usuarios integra la organización en sus procesos de negocio, mayor es su potencial de crecimiento*». El caso más representativo es el de *Wikipedia*, en el que los usuarios pueden ser, al mismo tiempo, lectores, escritores, correctores de otros escritos, participar en discusiones sobre algún concepto, traductores de entradas en otros idiomas, reportar actos de vandalismo o donantes de fondos, entre otros. Si quieres crecer, deja que tus usuarios participen de ese crecimiento. Otro tanto ocurre con los miembros de tu equipo. Es la hora de la *cocreación*.

- *Instrumentar.* Hace referencia a las herramientas que proporciona una plataforma a sus socios, como las API (interfaz de programación de aplicaciones), para que estos puedan generar valor. La cuarta regla es la siguiente: «*cuantos más creadores de valor generen su propia sostenibilidad utilizando las herramientas provistas por la organización, mayor es su potencial de crecimiento».* Un ejemplo es el navegador Google Chrome, que permite que desarrolladores externos puedan añadir nuevas funcionalidades, o extensiones, conectando con su API. Cuanto más permitas que terceros puedan ganar dinero usando tu plataforma, mayores las posibilidades de crecer. La tarta será mayor para todos.

- *Compartir.* Se refiere a si el código es propietario, abierto parcialmente o completamente abierto. *«Cuanto mayor sea la comunidad que considere como propios los recursos compartidos por la organización, mayor es su potencial de crecimiento»,* dice la quinta regla. Cualquier organización que tenga su conocimiento completamente libre, como el servidor Apache instalado en los principales servidores de Internet, está en esa categoría.

El modelo de Javi Creus se resume en dos ideas que explican la nueva era colaborativa. La primera: cuanto más abierta es una organización, mayor su potencial de crecimiento. ¿Rige esta afirmación también para el liderazgo? Desde luego. En un mundo que cambia exponencialmente, los expertos ya no tienen las llaves, ni abarcan su conocimiento sobre todo. Aquellos líderes que mantienen los mismos patrones del siglo XX, es decir, una autoridad centralizada y una estructura jerarquizada de poder, lo están haciendo peor que nunca para responder a los nuevos tiempos.

La segunda idea es el llamado «efecto red»: cuánta más gente se une a una red, más útil resulta para todos.

La economía colaborativa implica dejar de entender el consumo como propiedad a entenderlo como acceso y uso. Se ha extendido a velocidad exponencial a todos los ámbitos de la economía en apenas diez años.

Se trata de un movimiento global que aprovecha la abundancia de la materia digital, la rapidez exponencial de crecimiento de un mundo en red hiperconectado y que tiende a abaratar los precios de los datos y los productos físicos. Sus más fervientes evangelistas sostienen que ha ayudado a eliminar todo tipo de intermediarios, creando una economía descentralizada en la que cualquier artesano puede vender a través de plataformas como Etse, o contratar los servicios de un profesional de la reparación en Etece.

Como todo lo que da luz produce sombras, son muchas las críticas que han surgido alrededor suyo. La más conocida es la pugna entre un sector fuertemente regulado como el del taxi, con una importante barrera de entrada (las licencias municipales), con Uber, la plataforma que permite compartir trayectos dentro de las ciudades por unos precios mucho más bajos que las carreras de un taxi.

El ex ministro francés de Educación e Investigación Luc Ferry, uno de los más fervientes opositores a lo que llama la «*uberización*» *de la economía*, considera que «*al contrario de lo que intentan hacer creer ideólogos como Jeremy Rifkin, es muy poco colaborativa: marca más bien avances hasta ahora inéditos en la lógica pura y dura del individualismo ultraliberal, ya que descansa en gran medida en la búsqueda de superbeneficios ultrarrápidos, así como en la desregulación y la mercantilización de bienes (coches, pisos, servicios) antes privados*»[24].

El siguiente paso a conectar personas con personas y personas con bases de datos fue conectar todo con todo, la llamada *Internet de las cosas*, que tienen, además, la capacidad de aprender mediante la inteligencia artificial y la realidad aumentada. Es el mundo 4.0.

El Internet de las cosas tiene un desarrollo principalmente empresarial, ya que las ventajas son notorias para los procesos

---

24   Ferry, L. *La revolución transhumanista: cómo la tecnología y la uberización del mundo van a transformar nuestras vidas.* Alianza editorial. 2017. Pág. 32.

de fabricación tradicionales: simplificación, reducción de costes de elaboración y aumentos notables de la productividad.

Pero, ¿fracasarán aquellas empresas que sigan modelos del siglo XX en los que un proveedor ofrece soluciones integrales propias? Si algo hemos aprendido del *@pentagrowth* es que las empresas que sobrevivirán en el siglo XXI trabajarán con arquitecturas de estándares abiertos dentro de ecosistemas colaborativos de aplicaciones y asociaciones realizadas por terceros. Ninguna empresa podrá abordarlo todo por sí sola. Para que funcione la *economía de las cosas conectadas* todas tienen que hablar el mismo lenguaje.

Aunque el elemento que convertirá la Internet 4.0 en la «revolución de la revolución digital» es el protocolo de la cadena de bloques o *blockchain*. Si algo hemos aprendido de la crisis financiera en la que los mecanismos de control tradicionales fallaron con la consiguiente pérdida de confianza en las instituciones financieras y políticas, es que cuanto más repartido esté el poder más difícil será corromperlo.

Si mezclamos la filosofía *antijerarquía* descentralizadora del *mundo Groundswel* con las plataformas exponenciales de la sociedad colaborativa, el resultado es «*una herramienta que sirve para compartir y gestionar el valor de activos o bienes digitales sin la necesidad de depender de una entidad de confianza que centralice el proceso*[25]». Esa es la idea detrás del *blockchain*.

Blockchain es un registro que se encuentra distribuido entre todos los participantes, protegido criptográficamente para evitar su manipulación, descentralizado (al no necesitar un tercero de confianza que imponga un criterio de validación de los procesos) y sincronizado entre todos ellos.

A diferencia de las grandes plataformas de la economía colaborativa, que eliminan el papel de los intermediarios clásicos como agencias de alquiler de pisos para ocupar su lugar, *block-*

---

25   Preuskschat, A. (Coordinador). *Blockchain: la revolución industrial de Internet*. 2017. Ed. Gestión 2000.

chain no necesita de ningún tipo de intermediación. La solución por tanto a la pérdida de confianza de las instituciones durante la pasada crisis económica ya no es un nuevo acto de fe en esos intermediarios, sino un sistema tecnológico invulnerable a ataques exteriores y que descentraliza hasta tal punto la confianza que agrada tanto a quienes se manifestaron en la Puerta del Sol el 15M como a los principales millonarios del mundo buscando nuevos campos de inversión.

La tecnología de bloques provoca un cambio cultural total porque acaba con la llamada información asimétrica. Habitualmente, cuando vas a comprar un coche de segunda mano, el comprador tiene menos información que el vendedor. En cierta forma, siempre implica un riesgo para el que adquiere un coche usado. Cuando un registro centralizado recoja el historial de todas las reparaciones a las que ha sido sometido el vehículo o los sensores que lleva instalado informen del nivel de desgaste de las piezas, tanto el comprador como el vendedor tendrán el mismo nivel de información y el precio de compraventa ya no se fijará solo por la antigüedad o el número de kilómetros sino que será mucho más preciso y transparente.

Durante estos tres pasos de la digitalización hacia una era colaborativa, la necesidad de crear una comunidad entre iguales es una constante. Las *empresas unicornio* tienen más de plataforma, de red de personas, que de empresas tradicionales. Una red se construye en torno a un propósito común, a unos valores y creencias comunes, entre iguales con iguales.

Salim Ismail resalta que el primer paso para construir una comunidad es utilizar el propósito para atraer e involucrar a los miembros. El segundo paso es cuidar la comunidad, mediante la escucha activa para dar lo que los integrantes quieren. El tercero consiste en construir una plataforma para automatizar las conexiones entre compañeros.

Tener una comunidad detrás, no solo significa tener un ejército de seguidores que alaben en las redes sociales lo que haces, sino que incluso se encarguen de funciones que tradicionalmente se gestionaban desde dentro de las empresas, como por ejemplo, la generación de ideas o la traducción a otros idiomas. Como resultado las funciones básicas de una empresa se reducen y aumenta su agilidad y rapidez. Cuanto más abierta es una empresa o una organización, mayor es su potencial de crecimiento.

SI TÚ GANAS, YO GANO

Llega el momento de bajar a la tierra la misión y las creencias y elegir las herramientas para poner en práctica todo lo anterior, es decir, para crear conexión, compromiso, confianza y transparencia en los equipos y en las organizaciones. No se trata de elegir cualquiera, sino aquellas que compartan la base teórica que hemos explicado en la parte anterior: herramientas que permitan desarrollar una misión común y expresar la visión personal de cada integrante.

En 1990, Peter Senge reinventó las organizaciones con *La Quinta Disciplina*[26], un libro cuya tesis principal es que la capacidad de aprender puede llegar a ser nuestra única ventaja competitiva y en el que reivindica el pensamiento sistémico.

Senge establece cinco disciplinas que contribuyen al aprendizaje innovador de una organización: el dominio personal para que sus miembros ahonden en su visión personal, aclaren las cosas que de verdad les interesan y pongan su vida al servicio de mayores aspiraciones; los modelos mentales de conducta empresarial hondamente arraigados; la construcción de una visión compartida para unir a la gente en torno de una identidad y una aspiración común; y el aprendizaje en equipo a través de la práctica del diálogo.

La quinta disciplina es el pensamiento sistémico, que integra las cuatro anteriores bajo la premisa de que el todo puede superar a la suma de las partes y conecta a la organización con el mundo que la rodea. Senge descubrió que las estructuras influyen sobre las conductas, lo que explica que personas diferentes

---

26   Senge. P. *La quinta disciplina: el arte y la práctica de la organización abierta al aprendizaje*. Ed. Granica. 2014.

que pertenecen a un mismo sistema produzcan resultados similares. Su principal herencia es la necesidad de un permanente aprendizaje.

Otra contribución en la misma dirección la proporciona la *Teoría General de Sistemas*, entendiendo sistema como un conjunto de elementos que funciona como un todo. Para entender el cuerpo humano es preciso comprender que cada uno de sus órganos cumple una función. Lo más interesante es la demostración de que las organizaciones no son entes estáticos sino que las múltiples conexiones e interrelaciones entre ellos les permiten retroalimentarse y crecer en un proceso que constituye su existencia.

Estas dos visiones coinciden en señalar tres niveles de conexión: la conexión con uno mismo, que determina nuestro crecimiento personal; la conexión con otros, que permite crear la comunidad; y la conexión con la Tierra, nuestro servicio al mundo.

Las metodologías sociales, además, se inspiran, entre otras, en el *Trabajo de procesos* de Arnold Mindell, la *Comunicación No Violenta* de Marshall Rosenberg, la *Ecología profunda* de Joana Macy, los arquetipos de C. J. Jung, el *Design Thinking*, la *Indagación Apreciativa* de David Cooperrider y las técnicas de facilitación del *Art of Hosting*, *Open Space* o *World Cafe*.

Todas ellas superan la idea de que el único beneficio de las empresas es que ganen los accionistas, como propugnó el capitalismo. Todos parten de una idea común: para que uno gane también tiene que ganar el otro. Ya no hay vencedores o vencidos sino que todos ganan: tú, yo, y nosotros. Si uno pierde, todos pierden.

La única forma de lograrlo es dando un nuevo enfoque a los conflictos, entendiéndolos como una gran oportunidad para crecer. La resolución de los problemas no se basa más en el portazo en la puerta o en la venganza. Ambas son muestras de debilidad interior y miedo. Lo valiente es reconocer al otro tal como

188

es y fomentar empatía recíproca para alcanzar una solución satisfactoria para todas las partes implicadas. Como tituló Helena Cornellius un libro para resolver conflictos creativamente: *Si tú ganas, yo gano*.

John Croft, que inventó *Dragon Dreaming*, una tecnología social para el desarrollo de proyectos, considera que el éxito de los mismos se basa en lo que llama un *triple ganar-ganar-ganar*: ganan las personas, porque si un proyecto no es divertido, no es sostenible; si alguno de los integrantes no disfruta con lo que hace, el proyecto se resentirá; de igual modo, si uno hace concesiones, el proyecto se resentirá, porque no ganará personalmente.

Con DD todos tienen que ganar, tanto el equipo como cada uno de sus miembros. Esto supone un salto en nuestra cultura de ganadores y vencedores. La propuesta es que, en cada cosa que hagamos, el pensamiento sea «¿cómo ganas tú con esto?» Por último, también tiene que ganar el mundo con cada proyecto y con cada decisión. Esta es la única manera de dejar de crecer a base de esquilmar los recursos naturales.

El principal reto para la implantación de esta forma de pensar y actuar es la aparición de lo que Croft llama *dragones*, esto es, los miedos que nos impiden triunfar. El terapeuta Joan Garriga escribió un cuento titulado *La llave de la buena vida*[27], en el que describe cómo los miedos de las personas son en realidad una falta de amor a cada uno de los tres niveles: amor a uno mismo, amor a los demás, amor al mundo.

¿Cuál es tu principal miedo? ¿Eres de los que no te atreves a dar a la vida lo que tienes que darle? Tu *dragón* se llama cobardía y es la falta de amor hacia los demás y hacia el mundo. Garriga explica que quienes tienen este dragón viven la vida como una realidad amenazante y peligrosa, les falta amor al mundo tal como es y a los demás tal como son.

---

27   Garriga, J. *La llave de la buena vida*. Ed. Destino. Ediciones Destino. 2014. Cap. 4.

¿Eres de los que no confías en que, siendo tal como eres, vas a estar bien? Tu *dragón* se llama falsedad y buscas el amor en los demás porque te falta el amor a ti mismo. Según Garriga, «*las personas que se impostan creen que pueden compensar el amor que no sienten hacia sí mismas logrando que otros las amen gracias a su camuflaje. Se inventan un personaje con la esperanza de que serán más reconocidas y de que, con el amor del otro, les irá mejor*». Como te decíamos en el capítulo anterior, los líderes que muestran sus vulnerabilidades son los más fuertes, los que se aman tal y como son y no por nada concreto.

¿Eres de los que no escucha la inteligencia natural de tu cuerpo, de tus emociones y de tus sentimientos? Tu *dragón* se llama inconsciencia y es la falta de amor a la naturaleza. Garriga dice que estas personas tienen el veneno de ignorar su cuerpo, sus sentimientos y la naturaleza. Son incapaces de bucear en el interior de su iceberg y se conforman con lo que sucede en la superficie. Sustituyen la verdad de su cuerpo y su alma por la ideología de su mente. La atención plena, el *mindfulness*, es una manera de combatirlo.

En la serie *Juego de Tronos*, una de las protagonistas, Daenerys Targaryen, es la madre de tres dragones. ¿A cuántos has prohijado tú? Recuerda el *círculo de oro*: la mejor forma de influir es hablar desde el corazón; con tu mente solo te perderás en los *qué*.

Las metodologías sociales quieren dejar volar los *dragones* y sanar lo mejor de cada uno de ellos para que aflore la inteligencia colectiva del grupo. El brasileño Rodrigo Rubido, a través del Instituto Elos, inventó *Oasis*, una metodología para usar los sueños colectivos como motor social. En distintos lugares del mundo estos sueños se han hecho posibles y tangibles con recursos locales, en poco tiempo y con un gran disfrute.

Oasis parte de una mirada apreciativa para observar lo bonito que hay en las comunidades, a veces con un simple paseo en silencio de quince minutos por un barrio desconocido. Después se averigua quiénes son las personas que están detrás de esa belleza y se establece una relación de afecto con ellas. Como si fuera un juego, se va pasando por cada una de las siete fases: mirada, afecto, sueño, cuidado, acción, celebración y re-evolución. En definitiva, se buscan las potencialidades existentes en el presente, por la confianza, por la expresión de los sueños y la materialización proactiva de acciones que promuevan un mundo mejor.

Otras metodologías igualitarias son *Circle Forward*, *Democracia profunda*, *Beyond Budgeting*, *World Blu*, *Liberating Structures*, *Learning 3.0* o *Betacodex*. Además está surgiendo una nueva generación de tecnologías de innovación social a partir de la hibridación de las anteriores, como *GoDeep*, elaborada por la cooperativa madrileña Altekio, fusionando el juego brasileño del *Oasis* con el *Trabajo de procesos* de Arnold Mindell. Una de sus puestas de largo se hizo en el castizo barrio madrileño de *El Rastro* para analizar las relaciones de poder, los roles dentro del vecindario y el privilegio implícito en cada forma de poder.

Otra metodología social muy extendida es la *Teoría U*, del profesor del MIT Otto Scharmer, que parte de la idea de que los cambios fundamentales no pueden solucionarse desde el mismo nivel en que fueron creados. A través de un recorrido en forma de U se va conectando con el interior para buscar nuevas formas de generar los cambios necesarios. Se parte de la búsqueda conjunta de un propósito común, se va al lugar del cambio potencial y se escucha buscando empatía, se deja que el conocimiento interno emerja y se pone en marcha un proceso de cocreación de prototipos para experimentar y aprender de los errores lo antes posible.

Quiero destacar, por último, tres metodologías sociales:

- La primera es la *Planificación Transformadora por Escenarios*, que se utilizó en Sudáfrica por parte del presidente Mandela para la reconciliación de blancos y negros después del régimen segregacionista del *apartheid*.

- La segunda es el *Design Thinking*, que parte de entender el problema de las personas afectadas, abrir una fase creativa de ideación y termina por concentrarse en un prototipo para su rápida comprobación por los clientes.

- La tercera es *Lego Serious Play*®, que utiliza los bloques de colores para aprovechar al máximo los conocimientos presentes en una reunión. Es una herramienta perfecta para desafíos en los que no hay una solución obvia o una respuesta correcta, como ocurre con la actual complejidad por la revolución digital. Si se escucha a todos los miembros, emerge una inteligencia colectiva con un mayor nivel de participación compromiso y disfrute. Contiene las cinco ideas que definen la *talentocracia*:
    1. Los líderes no tienen todas las respuestas. Su éxito depende de que escuchen todas las voces presentes
    2. Las personas por naturaleza desean contribuir, quieren ser parte de algo más grande y asumir la dirección
    3. Se genera un proyecto más sostenible, al permitir que cada miembro haga su contribución y dé su opinión
    4. Se aprovecha al máximo el potencial del grupo, frente a las típicas reuniones en las que hablan dos y el resto calla
    5. No hay ninguna solución correcta u obvia. LSP es pensamiento en tres dimensiones, pero pensamiento fuera de la caja, más allá de lo habitual

Las metodologías igualitarias tienen la gran virtud de lograr un mayor compromiso y participación de todos sus integrantes. Las personas dejan de sentirse ignoradas, lo que contribuye a ofrecer un mejor servicio a los clientes, un descenso de las bajas por enfermedad y en última instancia un ahorro de costes.

Estas metodologías sociales hacen que cada uno de sus integrantes tome conciencia de los valores de la organización y permiten una mayor resiliencia durante las crisis económicas. Todas ellas comparten una creencia: «si tú ganas, yo gano. Si tú pierdes, yo también pierdo».

EL *AGILE* SE ESTÁ COMIENDO EL MUNDO

Si hay una frase que resume los nuevos tiempos es la pronunciada por Marc Andreessen: «*el software se está comiendo el mundo*». En los últimos diez años, no hay actividad o negocio que no haya tratado de transformarse digitalmente y ofrecer sus productos y servicios a través de una página *web* o una *app*. Los equipos de informática han sido los más rápidos en adaptarse al cambiante y complejo mundo actual gracias al uso de metodologías ágiles. Ahora demandan que el resto de departamentos les sigan el ritmo y copien su forma de trabajar. El *agile* se está comiendo el mundo.

El cambio de mentalidad de los programadores informáticos llegó en 2001, cuando se redactó el *Manifiesto Ágil*, una declaración de cuatro puntos con la que querían terminar con una forma de trabajar que solo provocaba retrasos y más retrasos en las previsiones iniciales. Los cuatro nuevos principios de la programación son: las personas se anteponen a los procesos; los productos que funcionan de verdad se anteponen a la documentación que explica cómo funcionan; la colaboración con los clientes se antepone a la negociación con ellos y responder al cambio se antepone a seguir un plan.

Las metodologías *agile* o ágiles, que se inspiran en el Manifiesto, tratan de lograr la satisfacción del cliente a través de equipos motivados con su trabajo. La más famosa es *scrum*, que establece una serie de reglas para la gestión de proyectos, fijando claramente roles y responsabilidades. Básicamente, hay un responsable máximo del proyecto, un gestor encargado de facilitar el trabajo al resto y el equipo.

La idea principal del *scrum* es trabajar en periodos cortos, por lo general de una o dos semanas al cabo de las cuales tiene que estar terminada una funcionalidad del producto o servicio. «Terminada» significa lista para funcionar y entregarse al cliente.

El usuario es el centro del proyecto, el rey. En vez de hacer una lista de las funcionalidades o tareas del proyecto, se escriben las llamadas «historias de usuario», en las que se relatan cada una de las necesidades que tienen los clientes. Cuando se han detectado, se priorizan según su mayor uso. Después se colocan en un gran tablero con varias columnas, lo que permite identificar a simple vista en qué estado de realización se encuentra cada una de estas historias de usuario: «por hacer», «en marcha», «necesita verificarse» o «realizado».

Lo más importante del *scrum* es que el equipo prioriza su trabajo para cada uno de los *sprints*. Cada día el equipo tiene una pequeña reunión de pie, de no más de quince minutos, para ver qué se hizo o no el día anterior y qué lo impidió. Una de las personas, que asume el rol de *scrum master*, se encarga de resolver los problemas para que el equipo se pueda centrar en hacer el trabajo cuanto antes.

Al final de cada *sprint* se entrega el trabajo al cliente y el equipo puede ver si responde a sus necesidades. Igualmente, el equipo hace una pequeña reunión, denominada *retrospectiva*, para encontrar formas de mejorar el trabajo o la comunicación entre el equipo.

El *scrum* favorece el trabajo en equipo, se centra en lo que realmente aporta valor al cliente y facilita la comunicación mediante un tablero que permite ver rápidamente la marcha de los trabajos.

Esta nueva forma de trabajar permite responder rápidamente a contextos cambiantes, con parcelas de trabajo claramente definidas, con conexión entre los equipos de trabajo y una estructura clara tanto de la organización como de los equipos. El *scrum* aumenta el compromiso y la participación de los equipos y aprovecha la inteligencia colectiva para tomar decisiones más eficaces. En definitiva, libera a las personas para crear el máximo valor.

En lo personal, cada uno de los miembros del equipo refuerza sus habilidades interpersonales y deja de sentirse ignorado. Los efectos en los resultados son directos: mayor compromiso y participación de los integrantes, mejores prestaciones técnicas, mejor servicio al cliente, mayor concienciación de los valores de la organización y mayor resiliencia durante las crisis económicas.

Una segunda metodología ágil es *Lean*, que tiene como objetivo eliminar todas las distracciones para centrarse en lo que realmente proporciona valor. Aquello que no genera valor se considera basura o desperdicio.

Tanto *Lean* como *scrum* permiten tener rápidamente un trabajo final terminado que presentar al cliente para comprobar si responde realmente a sus necesidades; en muchas ocasiones no es más que un simple prototipo o un bosquejo de papel. De esta forma se logra saber cuanto antes la opinión del cliente potencial, corregir lo que haga falta y perder la menor cantidad de dinero.

Facilitar una cultura del fallo es lo más extendido entre el ecosistema de emprendedores digitales. Como la mayoría no cuentan ni con el dinero ni con el tiempo suficiente para muchas pruebas, anteponen aquello que puede proporcionarles cuanto antes ingresos económicos. A partir de ahí trabajan en una mejora constante de unos productos en *beta* permanente.

La cultura ágil se ha extendido al resto de departamentos como la metodología que mejor responde a los cambios. Es la manera de funcionar en un *mundo-bala*. El que aprende más rápido y lanza antes un producto que gusta al mercado es el que gana. Aquellos que no están dispuestos a equivocarse, que no hacen nada o esperan demasiado, desaparecerán en el siglo XXI.

La filosofía *agile* choca frontalmente con la cultura de la era industrial, en donde los empleados tenían que hacer lo que les dijeran. Para gestionar la complejidad actual se necesita una rápida capacidad de maniobra y grandes dosis de creatividad que permitan inventar nuevas formas de generar valor.

Se trata, por tanto, de dejar atrás una cultura que castigaba los errores y se traducía en un tremendo pánico al fracaso. Eso se podía entender en un mundo predecible. Ahora la incertidumbre nos obliga a experimentar y adaptarnos rápidamente. También nos impulsa a compartir los aprendizajes entre todos los departamentos. La transparencia sustituye al secretismo de los departamentos estancos.

Este cambio de pensamiento influye en el liderazgo en un doble sentido: por un lado, si como líder no permites los fracasos, estás frenando que surjan nuevas ideas y el resultado serán avances lineales pero nunca exponenciales. Por otro lado, se hace imprescindible tener un *feedback* inmediato para poder rectificar sobre la marcha. Es la única manera de poder aplicar una mejora continua. En *agile*, cada *sprint* termina con una reunión retrospectiva de todos los miembros del equipo para descubrir lo positivo que haya ocurrido en cada iteración y aquellos aspectos que se pueden mejorar.

Un líder del siglo XXI necesita contar con dos tipos de *feedback*: el de los integrantes de su equipo, en un auténtico ejercicio de humildad, y el de personas externas a la organización que dispongan de una óptica distinta. Sin este segundo *feedback*, el equipo o la organización se convierten en una burbuja sin conexión exterior con el mundo.

Hay, además, otra razón. Se llama «punto ciego». Igual que al conducir hay zonas en las que perdemos de vista a los vehículos que nos siguen, las personas no tenemos una visión completa de cuanto nos sucede. Los psicólogos Joseph Luft y Harry Ingham crearon una herramienta, denominada *La ventaja de Johari*[28], en la que se distinguen cuatro zonas de conocimiento: el

---

28   https://es.wikipedia.org/wiki/Ventana_de_Johari

área pública (que conocen tanto los demás como yo), la *zona ciega* (que ven los demás pero yo no), la *parte oculta* (que yo conozco y los demás desconocen) y la *zona desconocida* (que tanto los demás como yo desconocemos). Contar con *feedback* externo te ayuda a conocer más sobre tu área ciega.

La ventaja de Johari tiene mucha relación con mostrar nuestra vulnerabilidad a los demás. Cuando enseñamos parte de la zona oculta de cada uno, ya sea permitiendo que afloren nuestras emociones o revelando parte de nuestra vida que los demás desconocen, se amplían la zona pública, la oculta y la ciega. Todo ello nos permite sacar nuevos aprendizajes del área desconocida. Es el primer paso para aprender y crear.

Mientras que en la era industrial los problemas eran complicados, en la era digital se han vuelto complejos. Lo complicado es hasta cierto punto predecible: a través de análisis e investigación, una persona experta podía resolver el problema. Es por esto que los líderes del siglo XX eran directivos que tenían respuestas a los problemas.

Lo complejo solo se resuelve a partir de la retroalimentación, del descubrimiento y el aprendizaje constantes. La planificación o las respuestas generadas de antemano son una pérdida de tiempo. También lo es planificar sobre lo que no sabes que va a ocurrir. Para la complejidad del siglo XXI, el tipo de liderazgo que se demanda es el que propicia la conversación y la retroalimentación sincera, para obtener rápidos aprendizajes. Algunos hablan de *servant leadership*, o liderazgo sirviente, es decir, poner el interés de los demás por delante del propio. El *agile* es la fórmula.

Si la era industrial se caracterizó por líderes que establecían normas, la era digital demanda colaboración entre todo el equipo. Esto solo se logra a través de la libertad, la transparencia y la confianza. Pero, ¿cómo hacerlo? Es el momento de hablar de autonomía, auto-organización y de las organizaciones en las que te gustaría trabajar.

EL LIDERAZGO ESTÁ
EN CUALQUIER PARTE

En cualquier organización, las personas que trabajan son expertos en su propio trabajo. Saben mejor que nadie lo que podría contribuir a mejorar su trabajo y qué obstáculos les impiden contribuir de la mejor manera posible. Tener acceso a toda la información contribuye al éxito de una organización. ¿Por qué la gente retiene esa sabiduría? El liderazgo autoritario, de arriba a abajo, impide que fluya el conocimiento a toda la organización mientras que usar todo el potencial contribuye al éxito de las organizaciones en el siglo XXI.

La revolución digital ha acelerado tanto los avances que las habituales estructuras jerárquicas de las organizaciones rígidas e inflexibles impiden reaccionar a tiempo a los cambios de un mundo complejo. La mejor solución es competir con un nuevo tipo de organización, con reglas igualitarias, que sea capaz de gestionar el cambio y desarrollarse en él.

Desde el punto de vista del liderazgo, la *talentocracia* plantea tres retos: ¿cómo podemos ser todos poderosos en una organización?, ¿cómo se puede lograr un espacio seguro y abierto en el trabajo? y ¿cómo trabajar por una causa más alta que todos nosotros? Ya resolvimos la última pregunta al hablar de la misión; ahora toca hablar de un modelo de gobernanza que empodere a todos sus participantes.

Antes de seguir, conviene dejar claro que *autonomía* no significa ausencia de jerarquías, como propone el *meme* verde. Se trata de reemplazar la disciplina impuesta desde fuera por la autodisciplina, y cambiar la burocracia por una visión y unos valores compartidos.

El método que mejor ha sabido recoger esta filosofía es la *sociocracia*, que nace de los esfuerzos del danés Gerard Endenburg por hacer que las organizaciones se adapten mejor a los cambios. Hay tres valores implícitos en cada una de sus reglas. La primera es que todos los integrantes son responsables de sus decisiones y, por lo tanto, las toman conscientemente siguiendo la misión de la organización, su *porqué*. La responsabilidad es una labor de cada persona. Se asume por tanto que no necesitamos a nadie que nos diga qué hacer.

Segundo: el liderazgo no corresponde a roles sino a funciones. El poder no pertenece a quien ejerce una posición sobre el resto sino que está distribuido entre todos. Cualquiera en una organización autogestionada piensa como un líder.

Tercero: como todos somos líderes, el liderazgo puede surgir desde cualquier lugar, no solo desde el comité de dirección. Estos valores están presentes en los cuatro pilares fundamentales de la *sociocracia*:

1. *El círculo*. En un círculo no hay posiciones de privilegio. Todos los integrantes son iguales y tienen un mismo objetivo. Cada círculo tiene su propia misión, de forma que deja de existir cuando se cumple ese objetivo.

    Como los órganos del cuerpo, cada círculo es semiautónomo porque está en relación con otros círculos de una organización; es auto-organizado y tiene total autogobierno, esto es, son sus componentes los que toman las decisiones políticas que guían sus propias operaciones diarias.

    Como asegura en el libro *The decision maker* el empresario Dennis Bakke, quien ha implantado este sistema en todas sus organizaciones, la mejor forma de desarrollar a las personas es permitir que tomen decisiones. «*Cuando los líderes ponen el control en las manos de su gente, a todos los niveles, estalla un potencial incalculable»*[29].

2. *Doble enlace.* Los círculos se conectan a través de un doble enlace. En las organizaciones tradicionales, la información y las decisiones se toman en un solo sentido: de arriba a abajo. En muchas ocasiones las directrices que el principal responsable quiere trasladar al conjunto de la organización no llegan a todos porque los mandos intermedios las administran a voluntad como signo de poder.

    La *sociocracia* imita a la naturaleza. La sangre limpia circula desde el corazón a todas los órganos y extremidades y regresa por un conducto diferente. Igualmente, en la naturaleza, el agua de las nubes llega a la tierra en forma de lluvia y regresa a las nubes a través de la evaporación formando un doble cerrado.

    La forma de garantizar que la información y las decisiones fluyan en una organización es a través del doble enlace. En cada círculo está el habitual «jefe» y se elige un representante para que acompañe a este en las reuniones del círculo superior. De esta forma se garantiza que toda la información llega a los círculos inferiores sin que los «jefes» la retengan. Si una persona en la base tiene una solución, la puede proponer en su círculo y elevarse hasta arriba.

3. *Toma de decisiones por consentimiento. Sociocracia* significa «gobierno de los socios» y lleva la democracia a las organizaciones. Literalmente ocurre así. Si puedes votar para elegir a tu presidente del Gobierno, ¿por qué no puedes votar a tu jefe? En *sociocracia*, las personas eligen quién las representa. Las decisiones políticas se someten a votación. El doble enlace lo hace realidad.

---

29   Bakke, Dennis. *The Decision Maker: Unlock the Potential of Everyone in Your Organization, One Decision at a Time*. Pear Press. 2013. Pág. 10.

Pero, a diferencia, de las democracias, las decisiones no se toman por consenso o por mayoría sino por consentimiento. Lo habitual en los consensos es que alguna persona ejerza de minoría de bloqueo, es decir, aproveche su posición para impedir los consensos. También suele ocurrir que la gente se oponga a los cambios porque suponen un cambio en su *status quo*.

La *sociocracia* supera esta circunstancia con la decisión por consentimiento. La gente no dice si está de acuerdo, sino si la puede aceptar o no. Cuando alguien se opone es porque tiene una objeción a la propuesta. Las objeciones tienen que ser razonadas y presentar una alternativa. Se entienden como un regalo porque mejoran las propuestas. Además, una preocupación nunca impide que una propuesta salga adelante; simplemente, se escucha y se tiene en cuenta.

4. *Elección de personas para roles y tareas por consentimiento.* Otro problema habitual que evita el avance de las organizaciones es la identificación de las personas con su puesto: «Yo soy mi puesto». Como vimos al hablar de la *pirámide de niveles lógicos*, lo que uno hace, su tarea, no es su identidad. En el círculo se describe la tarea a realizar y entre todos eligen por consentimiento a la persona que mejor pueda hacerla. Después de escogerla por un tiempo limitado, que también se acuerda, esa persona tiene plena libertad para hacer la tarea como considere. Se la ha elegido por ser la mejor para hacerla. Al acabar el periodo se revisa si esa persona ha cumplido con el objetivo con el que se le encomendó la tarea.

La *sociocracia* lleva la colaboración en el ADN. Todos los miembros son iguales por estar en un círculo y se tiene en cuenta a todos, al tener que dar su consentimiento. La autogestión engendra organizaciones corales. Lo que sucede en ellas no es el dictado de una persona; al pensar todos juntos brota todo el potencial de la energía colectiva.

Además, estas organizaciones son más efectivas. Los integrantes están más comprometidos porque han participado en la toma de decisiones políticas, que subordinan a una misión mayor que todos ellos. Mientras, para las decisiones operacionales se mantiene el respeto a las decisiones que da el jefe de operaciones.

La forma de garantizar que la sabiduría está en todos y no solo en unos cuantos es la transparencia. En la *sociocracia* todas las decisiones son transparentes y todos conocen todo lo que ocurre. La información de cada una de las reuniones de cada uno de los círculos es accesible a cualquiera en la organización. Cuanto antes llega el *feedback* del resto, más podemos aprender. Todo cuanto ocurre gira en torno a una idea principal: el liderazgo está en cualquier parte de la empresa y hay que regarlo para que crezca.

Si la *sociocracia* fuera un animal, sería sin duda el pulpo, que tiene un cerebro en cada una de sus extremidades. En total, nueve cerebros. No necesita esperar a que el principal dicte una orden; cada uno de sus brazos es autónomo. Para el científico australiano Peter Godfrey-Smith son «*lo más parecido a una inteligencia extraterrestre que podemos encontrar en la Tierra. Si eres un pulpo, tienes muy buenos ojos. Son animales muy visuales. Tienen un ojo cámara, como nosotros. Pero, por otro lado, aunque no puedan ver con todo su cuerpo, toda su piel tiene algún tipo de sensibilidad a la luz*» concluía en una entrevista reciente[30].

En los últimos años, han surgido dos variantes de la *sociocracia*: la *holocracia* y la *sociocracia 3.0*. La *holocracia* es a la *sociocracia* lo que el sistema operativo Windows al MS-DOS de código abierto: una versión muy similar pero de pago. Por coherencia con el espíritu abierto y colaborativo del que hemos hablado

---

30   https://elpais.com/elpais/2017/12/08/ciencia/1512755911_098235.html

anteriormente en este libro, hemos preferido centrarnos en la *sociocracia*. Ambas son un completo sistema operativo frente a la *sociocracia 3.0*, que se asemeja a las *apps* de los móviles, herramientas que se pueden utilizar en momentos puntuales.

DE IKEA A LEGO

En los últimos capítulos hemos recorrido el *marco AQAL* de Ken Wilber y la importancia de contar con un propósito transformador (el *para qué*). Primero, reemplazamos la vieja idea de la necesidad de recompensas por el compromiso, el nuevo *porqué*. Después, resaltamos la nueva forma de comportarse en comunidad (el *cómo*) y las nuevas metodologías (el *qué*) que crean conexión, compromiso, confianza y transparencia.

Es el momento de hablar de la nueva visión del mundo que surge con la revolución digital, a la que se alude genéricamente con la expresión «el futuro del trabajo». La forma de responder a ella es con un cambio en la identidad, el *quién*.

El gran jarrón chino que eran los medios de comunicación de masas del siglo XX se rompió literalmente en miles de pedazos más pequeños con la aparición de la web 2.0. Pasamos de un mundo en el que unos pocos daban información a millones de personas a otro en el que millones de personas dan la información a unos pocos, que además pueden contestar públicamente si están de acuerdo o no.

La fragmentación de las audiencias y los mercados ha dado paso a una nueva realidad que explica el periodista Chris Anderson con su teoría *Long tail*[31] (o de la larga cola), imprescindible para entender la era digital. Si el auge de la cultura de masas de los años 80 y 90 se caracterizó por grandes éxitos que se vendían masivamente y difundían a audiencias millonarias, las ventas principales en las primeras tiendas *online* son unas pocas unida-

---

31   Anderson, C. *La economía long tail: De los mercados de masas al triunfo de lo minoritario*. Tendencias editores. 2006.

des de multitud de productos y la facturación de todos los pequeños nichos es muy superior a la de los superventas. La suma de los muchos pocos es superior a la suma de los pocos muchos.

Ahora vivimos en un mundo de nichos, que no son sino pequeños ecosistemas o comunidades de personas con intereses comunes con un gran vínculo emocional y una profunda conexión entre ellos.

Las redes sociales nos permiten conocer casi al instante lo que piensan nuestros amigos de cualquier información. Es el nuevo «Gran Hermano» en el que compartimos nuestra vida con nuestros conocidos. De repente, la frase «*lo que pasa en Las Vegas queda en Las Vegas*» cambió. Ahora lo que pasa en Las Vegas queda para siempre en Youtube y lo puede ver cualquiera.

Esto nos obligó a ponernos las pilas a personas y empresas. Se crearon las primeras reglas de *netiqueta* para salvaguardar nuestra *reputación online* y las marcas empezaron a contratar a los primeros expertos en conversar a través de los *social media*, los *community managers*, con un nuevo estilo y lenguaje mucho más próximo y cotidiano.

Hoy ya no es posible entender un liderazgo sin un uso correcto de nuestra identidad digital en la redes sociales. El verdadero liderazgo es de aquellos que han interiorizado la filosofía del mundo *Groundswel*. Es mejor pedir perdón, y lo más rápido posible, que empecinarse en el error o, mucho peor, ocultarlo. Hasta los reyes y los papas han aprendido a disculparse públicamente.

Los nuevos ciudadanos *empoderados* comprenden a quien sabe rectificar pero castigan duramente –como le ocurrió a la cantante Barbra Streisand– a quienes los amenazan ante una crítica negativa. Eso ha dejado de formar parte del mundo de 140 caracteres (ahora de 280). Tratar de tapar los problemas y los comentarios negativos es absolutamente contraproducente. Es una gran oportunidad para el aprendizaje: las redes premian a quienes elaboran buenos productos, no buenos mensajes.

En el universo 2.0, las estrellas dejaron de ser las figuras de la tele o la radio y su lugar lo ocupan personas cuyas opiniones tienen una amplia repercusión entre determinados colectivos. Inicialmente pasamos de los expertos a los conectores, capaces de distribuir sus mensajes en numerosas comunidades diferentes, al tiempo que las interconectaban mediante las redes sociales.

Posteriormente, el estrellato pasó de la capacidad de conectar grupos a la de distribuir a mayores audiencias determinados contenidos. Los mensajes virales convierten a sus autores, con enormes audiencias, en los nuevos *influencers* (o influyentes) de la *galaxia 2.0*. Traducido a liderazgo, esto supone que el valor y la reputación ya no están en las condiciones socioeconómicas, sino en la calidad de lo que cada cual aporta.

En un mundo en el que la única limitación es la falta de tiempo, cambian todas las reglas de juego. Aquellos que son capaces de captar y retener la atención de los demás se convierten en los nuevos reyes. Aquel que no sorprende, que no seduce, que no genera compromiso, que no conecta, que no inspira, que no genera complicidades ni contenidos dignos de ser compartidos, está condenado al fracaso. El que sigue empeñado en interrumpir, hacer mensajes masivos y promesas que no puede cumplir, también.

Hemos perdido la confianza en las instituciones, en las empresas, en los medios de comunicación. Solo nos fiamos de los que son como nosotros. Todo ello nos obliga a un proceso de reinvención. En este proceso de metamorfosis digital, el primer paso fue dotarnos de una identidad. Las marcas fueron las primeras que comenzaron a adoptar valores que defender, a expresar sus emociones. ¿Qué queremos significar entre nuestra comunidad? es la pregunta de moda entre los «marketeros».

Después, crear un relato alrededor de esa nueva identidad. El llamado *storytelling*, o cómo contar una buena historia sobre lo que hay detrás de una marca que apela a nuestros sentimientos. La gente ya no quiere ropa; quiere historias que vestir.

El objetivo de esta metamorfosis es generar las mejores experiencias a los clientes. Los anuncios de viajes ya no muestran bellos paisajes sino personas felices y disfrutando… como cualquiera de nosotros lo haría en *Facebook* o en *Instagram* rodeado de sus amigos. En un momento en el que podemos elegir entre multitud de productos similares, escogemos aquel que nos haga sentir mejor y, sobre todo, orgullosos de su consumo, para compartirlo en las redes sociales.

Como remarca el experto en *branding* Andy Stalman, «*ser diferente no supone ser extremo o radical, sino establecer un punto y aparte. Es preciso encontrar una manera distinta de hacer llegar nuestro mensaje, o, aún mejor, es necesario crear una personalidad y unas características inimitables o inigualables para sobresalir entre los múltiples clones que inundan el mercado*»[32].

De igual modo, las personas comenzaron a crear su propia *marca personal* para convertirse en referencias en sus campos. El primer autor en hablar de estos temas, Andrés Pérez Ortega, en su libro *Expertología*, de 2011, ya avanzaba la regla de oro de los nuevos tiempos: «*En el mundo del conocimiento en el que nos estamos adentrando, si no destacas, te quedas fuera*». Es el ecosistema de los *knowmads*. En la economía colaborativa (*gig economy*) de contrataciones por proyectos a la que avanzamos, ya no somos empleados; somos profesionales que compiten con otros por lograr sus contratos:

«*Es el fin de los profesionales manejables, controlables, dependientes y satisfechos mientras otros mueven sus hilos. Quienes dirigen las organizaciones se centran en sus intereses, no en los nuestros. Durante años, los humanos hemos sido recursos para las empresas. A partir de ahora, estas van a convertirse en recursos para los humanos. Solo van a ser las que nos proporcionen recursos*

---

32 Stalman, A. Brandoffon: *El branding del futuro*. Ed. Gestión 2000. 2014.

para tener la vida o profesión que deseamos. Esto implica que debes transformar tu mentalidad de 'empleado' por la de proveedor de servicios. No vendes tu trabajo, lo alquilas. Cuando dices que 'buscas un empleo' lo que realmente estás haciendo es diseñar una estrategia de venta de servicios a un cliente. Así que métete esto en la cabeza: tu profesión es tu negocio personal»[33].

Para Pérez Ortega, una marca personal exitosa precisa de tres elementos imprescindibles: *relevancia*, para ser reconocida como un especialista capaz de solucionar un problema o satisfacer una necesidad con eficacia; *confianza*, para que los demás te perciban como un profesional fiable; y, *notoriedad*, para generar la suficiente visibilidad como para que seas el primero de la lista que tendrán en cuenta. Para esto último es para lo que sirven las redes sociales. Para que una enorme cantidad de usuarios en todo el mundo te conozcan y aumente tu visibilidad. Es la nueva tarjeta de visita del mundo digital. Cuando conoces a alguien, lo primero que haces es «googlear» su nombre e investigas sobre su presencia *online* para saber quién es.

Con la digitalización, las personas han dejado de ser muebles de Ikea para convertirse en construcciones de Lego. La sociedad industrial del siglo XX, a partir de las ideas del *taylorismo*, precisaba piezas intercambiables para las cadenas de montaje. La educación era lo más parecido a los libros de instrucciones del fabricante sueco. Siguiéndolas paso a paso puedes tener en tu casa el sofá que aparece en el catálogo. Si te aprendes lo que te dicen los libros, pasarás lo exámenes con los que obtendrás el título con el que conseguirás un trabajo para toda la vida.

Ese mundo se ha acabado desde el mismo momento en el que una compra ya no se decanta por el propio producto o servicio, sino por la experiencia que nos produce. O desde que las contrataciones se deciden por lo que dices y haces en las redes sociales. Ya no sirven las fotocopias; hay que diferenciarse.

---

33   Pérez Ortega, A. *Expertología: La ciencia de convertirse en un profesional de referencia.* Ed. Alienta. 2011. Pág. 17.

La educación bulímica, es decir, atiborrarte de conocimientos sin mucha utilidad, ya no tiene sentido; en el siglo XXI, aprender es hacerte con bloques de Lego: todos podemos tener los mismos pero a partir de ellos tenemos que crear una nueva construcción diferente a todas las que existan.

Lo que importa ahora es usar toda tu creatividad para construir tus propias figuras con las fichas de Lego que te haya dado la vida. El que vence es el que mejor utiliza su creatividad para crear un nuevo valor.

Vivimos en una *economía creativa*, «*una economía orientada a los servicios y basada en el conocimiento, pero apoyada en la creatividad individual, que usa la información accesible para beneficiarse y crear valores, para sí, pero también para los demás*»[34].

El primero en usar esta idea fue John Howkins, en el año 2001, aunque en su libro *Economía creativa* solo se refiere a las industrias culturales. Dos décadas después, la creatividad ya es obligatoria para destacar y diferenciarse en todas y cada una de las industrias. Y, sobre todo, en las redes sociales.

Quienes mejor lo han entendido son los jóvenes, que solo han conocido el mundo conectado a Internet, donde la diferenciación se basa en la autenticidad, en no dejar de ser ellos mismos, en ser fieles a sus creencias. Ellos han abandonado los contenidos que impone la televisión del siglo XXI para buscarlos en Youtube, creados en su habitación por otros jóvenes como ellos, los *youtubers*.

Como relató Millán Berzosa en su libro *Youtubers y otras especies*[35], son una lección del modo de liderazgo en el siglo XXI: accesibles, en contacto permanente con sus seguidores, rebosantes de creatividad y sin miedo a dejar de probar cosas. Nadie como ellos han entendido el cambio que supuso la web 2.0:

---

34   Salenbacher, J. *Creative personal branding*. Ed. Profit. 2017. Pág. 42.

35   Berzosa, M. *Youtubers y otras especies: El fenómeno que ha cambiado la manera de entender los contenidos audiovisuales*. Ed. Ariel Fundación Telefónica. 2017. Pág. 11 y ss.

«Hoy todo está a nuestro alcance, cualquiera puede crear y publicar lo que quiera y nadie decide qué es lo importante, salvo el gusto de los seguidores».

La primera batalla es por los clientes, que se han convertido en los nuevos dictadores, los que deciden con sus compras. La segunda batalla es por captar (y retener) el talento. Estamos en una *talentocracia*. Recuerda que las organizaciones exponenciales, para ser más rápidas, funcionales y flexibles, prefieren captar puntualmente el mejor talento del mercado que contratarlos fijos. Tienen la creencia de que las habilidades envejecen rápidamente, y más si no se usan habitualmente. Los trabajadores del siglo XXI, los llamados *knowmads*, se tienen que gestionar como empresas, fortaleciendo su marca personal, su identidad, su *quien*.

La visión sobre el mundo del trabajo ha cambiado, especialmente, entre las generaciones más jóvenes. Ketan Raventós publicó en su *timeline* de Facebook un comentario que resume esta nueva forma de entender la vida laboral: *«el trabajo es mucho más que una actividad para ganar un sustento. Es un servicio que ofrecemos a la comunidad, que nos aporta aprendizaje, relaciones humanas, confrontar nuestra sombra, responsabilidad, alegría o creatividad. Todo el esfuerzo que le dedicamos y las dificultades que comporta son un estímulo para conocernos mejor y crecer como personas. Lo esencial es nuestra actitud; el tipo de actividad que se realiza es secundario. Cuando trabajamos solamente por dinero nos empobrecemos. Si trabajas por dinero eres un esclavo».*

La construcción de una marca personal empieza por el autonocimiento. A medida que eres capaz de responder a la pregunta ¿quién soy?, tu nivel de consciencia aumenta. El *mindfulness* es una ayuda para callar la cháchara de todo lo que tu mente dice y en realidad te falta. La identidad no puede ser encontrada por el ruido de la mente; debe surgir del silencio.

Silencio para responder a las preguntas: ¿quién soy? ¿qué me hace único y tan especial? ¿qué proporciono a la organización o a la sociedad? ¿qué gana la sociedad conmigo? ¿qué me hace mejor que otros? ¿quién quiero realmente ser (de mayor)?

Después llega un recorrido descendente por la *pirámide de los niveles lógicos*. Tras descubrir quién eres, te resultará más fácil tener unos *porqués*, unos *cómos* (¿cómo quiero realmente trabajar?) y unos *qués* (¿qué quiero realmente conocer con este proyecto? ¿qué quiero cambiar? ¿qué quiero realmente hacer? ¿qué quiero crear? ¿qué quiero investigar?

La identidad nos define. Es la huella que dejamos en los demás. En un mundo del trabajo en el que nos elegirán en una plataforma entre un millón de profesionales como nosotros, tenemos que tener claro qué nos distingue. Tienes unas creencias y unos *porqués* que te ayudan cada día a ponerte en marcha para hacer lo que haces. Gracias a tus *cómo* (tus cualidades, tus experiencias, puntos fuertes), podrás hacer un *qué* (el tipo de trabajo por el que haya gente dispuesta a pagar) mejor que otros profesionales. Tu marca personal es el camino para que seas elegido en la nueva *talentocracia*.

LA ÚNICA PERSONA A LA QUE PUEDES CAMBIAR ES A TI MISMO

Lo que las personas buscan en el trabajo con la *talentocracia* es la auto-realización personal. Cuando en el anterior acto te contamos la historia de los tres cocineros, te mostramos que el trabajo puede desempeñar diferentes funciones en la vida de una persona. ¿Qué es para ti el trabajo?

Si tu forma de pensar se corresponde con el *meme* ámbar, el trabajo será para ti un simple empleo, un trabajo que haces para cobrar un salario a fin de mes sin ningún tipo de interés o implicación personal.

Si te identificas con el *meme* naranja, el trabajo será una trayectoria personal. Encuentras tu motivación en el deseo de tener éxito, logro y estatus. El trabajo es una forma de glorificar tu Yo.

Si te resuena el *meme* verde, para ti el trabajo será una llamada. Sí, surgirá de una llamada a realizar un tipo determinado de trabajo por sentido de obligación, deber o destino personal.

Para el nuevo paradigma, el *meme teal*, el trabajo es una forma de realización personal. El trabajo es una fuente importante de significado en la vida, por encima del estado económico.

Pero, ¿cómo llegar a ese nivel de realización personal?. Para la inteligencia emocional tiene que ver mucho con la imagen que cada uno tenemos de nosotros mismos. Ese autoconcepto es la suma de factores: el autoconocimiento, la autoestima y la auto-realización.

El *autoconocimiento* es la información que tengo de mí, de mis pensamientos, de mis comportamientos con diferentes personas. Conocernos mejor es la puerta a una mayor consciencia y a la auto-realización, el primer paso para lograr un liderazgo interior, el paraíso de tu verdadera esencia. Llegar ahí no es fácil. Supone atravesar la zona de nuestras debilidades, sombras que quizá no nos gustan.

Llegar a conocerse a uno mismo supone diferenciar nuestros pensamientos de la realidad de nuestro ser. Supone reconocer cada una de nuestras emociones y gestionar el mensaje que nos aportan. Si tienes miedo, te avisan de una falta de recursos. Pregúntate, ¿qué necesitas? Si estás triste, tu cuerpo te informa de una pérdida. Y, si estás enfadado, alguien ha sobrepasado tus límites. Conocerse a uno mismo es interpretar el lenguaje de tu cuerpo, pero también conocer tus fortalezas y debilidades. El premio es destapar tu verdadero potencial. Además, te regalará el descubrimiento de tu propósito, tu misión en la vida. Técnicas como el yoga, el *mindfulness*, el *focusing* o el EFT nos ayudan a percibir nuestro cuerpo e interpretar nuestra sabiduría interior.

El segundo paso para el liderazgo interior es la *autoestima*, apreciarnos y valorarnos a nosotros mismos para relacionarnos con los demás sin sentirnos inferiores o superiores. La autoestima se adquiere de pequeños, en el núcleo familiar, cuando sentimos que nuestra necesidad de seguridad está cubierta con afecto incondicional y reconocimiento.

Cuando de niños no cubrimos esa necesidad de amor incondicional y respeto nos pasamos la vida adulta buscando la aprobación de los demás y dependiendo del entorno. La autoestima es la confianza y el respeto en nosotros mismos.

El tercer escalón es la *auto-realización*; cuando una persona se acepta y se comprende, su percepción de la realidad no está empañada por sus miedos, es auténtica y piensa que tiene satisfechas todas sus necesidades.

El psicólogo humanista Abraham Maslow propuso en *Una teoría de la motivación humana* una jerarquía de las necesidades humanas. Las más acuciantes son las fisiológicas, nuestra salud. Después están las necesidades de seguridad, pertenencia, reconocimiento, y por último las de auto-realización. Según la teoría de Maslow, solo cuando un individuo ha conseguido cubrir sus necesidades fisiológicas y de seguridad comienza a interesarse por socializar, y cuando consigue socializar empieza a buscar el reconocimiento y el aprecio propio y de los demás. Tras alcanzar todo esto puede comenzar a realizarse como persona.

La auto-realización implica un ejercicio de enorme responsabilidad que empieza por cada uno de nosotros. Se trata de ser auténticos, sentirnos bien con nosotros mismos y ser fieles a nuestras creencias. No hay en el mundo una persona más importante que tú. Si lo que haces está alineado con tu forma de ser, eres un auténtico líder interior. No necesitas nadie que te reconozca o algún signo externo de éxito o riqueza que lo señale. El mayor regalo al final es una vida vivida plenamente desde todo tu potencial. Sin nadie que te tenga que autorizar.

La única persona a la que puedes cambiar es a ti mismo. Si quieres cambiar a otros solo lograrás que actúen con resistencia. ¿No te pasa a ti que cuando te dicen lo que tienes que hacer, te resistes por sistema? El liderazgo empieza por ti, por tu interior. Con tus actos estarás guiando el camino a otros. Si amar a otra persona consiste en querer sacar lo mejor que hay en ella, empieza por ti. No hay mayor acto de amor que quererse a uno mismo y compartir todo lo bonito que tiene nuestra mejor versión. Eso es un verdadero líder.

QUINTO ACTO

LOS CINCO PILARES DE LA TALENTOCRACIA

LOS CÍRCULOS
DEL TALENTO

No hay mayor símbolo de compromiso que dos aros enlazados. La confianza en el otro, en los demás, es la esencia misma de cualquier organización, grupo, tribu o nación. Confiamos en el camarero que nos dice cuánto le debemos. Confiamos en que el conductor del autobús nos llevará a nuestra parada. Confiamos en que el coche que viene a cien por hora se parará en el semáforo. La sociedad misma está hecha de actos de fe.

El liderazgo tiene mucho de esa confianza. Compromiso con la misión de servir un mundo nuevo a nuestros clientes y a nuestros empleados. Anillos de oro insertados en los dedos anulares de los cónyuges, pero también alianzas imaginarias engarzadas en los dedos de nuestros compañeros de trabajo, empleados y jefes.

Simon Sinek, un inglés famoso por sus conferencias emocionales al que ya nos hemos referido en este libro, habla mucho también de confianza y de anillos. Y afirma que todos los estilos de liderazgo tienen que ver con tres círculos concéntricos: los que se rigen por el *qué* (autoritarios, controladores, paternalistas, omniscientes), los que se rigen por el *cómo* (mecaniscistas, métricas, procedimientos, reglas, objetivos, bonificaciones, cumplimiento) y los que siguen el camino del *porqué* (quieren cambiar el mundo).

Sinek está claro que apuesta por el *porqué*. Tanto es así que ha originado un movimiento denominado *Start With Why* (empieza por el *porqué*). Y ese momento interior de incentivar a los equipos con un liderazgo ilusionante, motivador y reactivo es lo que él denomina los *tres círculos de oro*. Del *porqué*, nacerán el *cómo* y el *qué*.

Pensemos por un momento qué mueve nuestras decisiones, grandes y pequeñas, en el día a día. Pedimos a nuestra gente que haga aquello que hemos pensado; nos preocupa más el *cómo* se hacen las cosas o finalmente intentamos que todos trabajen por un *porqué*.

Acuérdate de que Joan Roca, el cocinero más admirado del mundo durante los dos últimos años, explicaba a los concursantes de Master Chef que su restaurante el Celler de Can Roca no sirve a sus clientes buenas recetas, sino que lo que sirve es felicidad. ¡Es su *porqué* de la magia en su cocina!

Y tú, ¿sirves felicidad a tu familia, a tu equipo y a tus clientes?

LÍDERES QUE MEJORAN EN ORGANIZACIONES QUE CRECEN

oy en día, ¿quién conoce bien a sus vecinos? ¿Antonio López? ¿En qué piso vive? Nuestros padres sí que lo hacían: compartían café o sal, sus hijos eran amigos y se invitaban a sus fiestas de cumpleaños. Sin embargo, en nuestro universo global e *infoxicado* sabemos más de una estrella de Hollywood o de un escritor japonés que de las personas que cohabitan tras el tabique del salón.

A este fenómeno universal me gusta describirlo como el «síndrome del náufrago en la bañera». Cuanta más masificación, tecnología y globalización, más sensación de Robinson Crusoe tenemos. Nos estamos volviendo autistas. Nuestro mejor amigo ya no es nuestro vecino ni nuestro perro, sino que es una pantalla.

Acabamos de publicar un ejercicio de rebeldía sobre este fenómeno *Los Imprescindibles del Management* no es solo una selección de los mejores autores de ECOFIN Business School para compartir la lista con otras personas que estén buscando una guía de lectura precisa dentro de una nube de datos, títulos y autores que es inabordable. Sí, claro que cumple esta función, pero va un poco más allá. Tras hacer un recorrido histórico a grandes zancadas por la evolución de las teorías de la gestión de empresas y equipos, proponemos a veinte autores, con ideas y preguntas sobre las que reflexionar.

Hay diez gurús que elaboran sus originales en inglés. A todos les sonará su nombre, aunque raramente habrán leído más de un libro suyo. Y, junto a ellos, emergen otros diez profetas hispanos que han triunfado dentro y fuera de nuestras fronteras. Diez desconocidos para la mayor parte de nuestros lectores que les sorprenderán por sus propuestas y que están llamando al timbre de sus puertas para ser sus amigos.

La *talentocracia* nace de exprimir el pensamiento de esos veinte gurús del *management* coetáneo del siglo XXI, que recoge el selectivo *Los imprescindibles del management* (Editorial ECO-FIN, 2018). Si después de la selección de *Talentocracia* quieres seguir tu viaje como espeleólogo al centro de tu liderazgo interior, te sugerimos usar esta obra de guía.

EN BUSCA DE LA «FELICACIA»

Ignacio Bernabé es uno de estos nuevos amigos que propongo a los directivos españoles. Él habla de un nuevo *management*. No es tanto una nueva forma de hacer, como una nueva forma de percibir. Pero muchos se preguntarán: ¿quién es?, ¿qué nos propone?

El profesor Bernabé se define como un pensador inquieto por naturaleza y por convicción: *«Pensar no solo es la base de la supervivencia, sino también del bienestar, de la competencia y de la felicidad, y sin embargo nos dedicamos muy poco a esta excepcional virtud»*. En su búsqueda introspectiva de la felicidad afirma: *«Evito contaminarme del pensar de otros cuando advierto que se mueven en las mismas ciénagas que yo, pues solo lo que surge de uno mismo, se puede expresar con claridad y plena convicción»*.

De este modo auténtico y genuino brotan sus ideas para alinearse de forma natural con teorías renacentistas y proyectarse finalmente desde un *enfoque antropocentrista* pues *«el ser humano debe ser situado en el centro de todas nuestras atenciones. Qué mejor sentido para toda una vida, que servir a las necesidades, intereses y motivaciones de quienes estamos obligados moralmente a hacer de esta, una sociedad cada vez mejor. No creo en mundos mejores, pero sí en personas mejores»*. Quizá lo uno lleve a lo otro.

Con este punto de partida, Bernabé reflexiona sobre los modelos tradicionales de gestión empresarial para rebelarse contra ellos y definir un nuevo concepto de *capital-humanismo*, creando su propia doctrina desde donde propugna la necesidad de alcanzar un equilibrio entre el necesario y legítimo beneficio empresarial frente al necesario y no menos legítimo bienestar social. «*Desde esta atalaya diviso un nuevo horizonte*», un lugar privilegiado desde donde estudia, investiga, crea e invita a construir una realidad más ilusionante y prometedora.

Bernabé reivindica a la persona, no al individuo. Reinventa el humanismo al más perfecto estilo renacentista y del maestro Erasmo de Rotterdam (Ver *Los Imprescindibles del Management*). Y por ello propone enterrar ese capitalismo que genera codicia y crisis cíclicas en los mercados financieros. Como explica con convicción: «*El capital-humanismo es el modelo socioeconómico natural que evolucionará desde el capitalismo, igual que este lo hizo desde el feudalismo. No aspira a ser un modelo perfecto, sería una insensatez de su parte pues si el hombre mismo, paradigma de la perfección, es imperfecto, ¿por qué no habría de serlo cualquier obra de su creación? El capital-humanismo aspira a algo más prudente: desarrollarse como la mejor alternativa al capitalismo*».

Quizá políticos y gobernantes de todo el mundo debieran escuchar de primera mano su propuesta, pues además de ser una excelente simiente para cambiar la realidad que hemos construido, como el propio profesor dice: «*El peso de la autoridad de una sociedad convencida, terminará por movilizar al poder de los gobernantes*».

Bernabé es muy crítico con el *status quo* actual y sus fórmulas de gobierno, tanto en lo privado como en lo público. Dice que sería necesario que quien tiene el poder político observara desde otros ojos, tomara un papel activo y se alineara pronto con la mirada de la autoridad social, pues «*se puede vivir humildemente, pero no sin esperanza e ilusión, esto es indigno y no debería ser experimentado por ningún ser humano, hoy en día no debería ya haber razón para ello, está claro que algo no estamos haciendo bien, no caigamos de nuevo en los mismos errores*».

En su mestizaje de humanismo y ciencia pone en el centro a la persona y con ello un valor superior: «el valor del equipo». De ahí nace un nuevo modelo de gestionar, porque ya no se gestionan recursos, sino equipos compuestos por personas.

Las organizaciones deben transformarse en auténticos equipos de personas comprometidas, competentes y felices, «*pues solo de este modo se puede desarrollar un nuevo tipo de empresa más competitiva, responsable y sostenible, y una sociedad más feliz, que a fin de cuentas es lo que pretendemos*».

Para ello, las empresas deben convertirse en espacios de crecimiento personal y profesional, donde los objetivos se alcanzan en función de cómo personas y organización son capaces de vivir y disfrutar juntas del camino, bajo una cultura de valores y servicio a los demás: «Concibo a las empresas como espacios de crecimiento personal y profesional, donde el camino ,y no la meta en sí misma sea el punto de encuentro entre los intereses personales y organizacionales, y el amor, el soporte de ese compromiso que tanto necesitamos».

Como resalta Bernabé: «*Los líderes deben aprender a hacer que su gente se levante cada día, no desde la resignación y la indiferencia, sino desde la ilusión y el compromiso. Y no para ir a trabajar, sino para ir a descubrirse cada día*». Quizá así pudiera hacerse realidad su particular visión: «*Si empezamos a ver con otros ojos, pronto observaremos que el trabajo puede y debe darnos a todos mucho más que una nómina a final de mes*», sin duda un guante lanzado, no solo a empresarios y directivos, sino también a los trabajadores, pues «*si a todos nos compete, es tarea de todos*».

«*Si queremos crecer como sociedades, como organizaciones y como profesionales, necesitamos crecer como personas*», define la esencia de su filosofía, que desarrolla desde su modelo de dirección y desarrollo de empresas, el *growth management*, orientado desde una base empírica y científica a la gestión eficaz del crecimiento. Fundamentos de un paradigma que según diversos estudios en 2030 aplicarán más del 70% de las empresas pertenecientes a las grandes economías del mundo.

El modelo de gestión de Bernabé está alineado a las nuevas corrientes formativas de las principales escuelas de negocio internacionales. Al menos en lo que dicen que se debería de hacer. Un enfoque que se opone a la tradicional Dirección por Objetivos de Peter Drucker, pues para el *growth management* los objetivos son las personas y «cuando esto ocurre, los resultados de negocio superan las expectativas».

Es necesario pues, recomienda, realizar una transformación que debe empezar en lo personal, para luego crecer en lo empresarial, económico, político y social. Crecer como personas para hacerlo como profesionales, como organizaciones y como sociedad en general, pues «personas que cambian, organizaciones que crecen», es su mantra.

Bernabé habla a los líderes, con independencia de su responsabilidad: políticos, empresarios, directivos… Su guante debería ser recogido por todos. Aconsejo conocer sus propuestas pues sin duda marca un camino sensato, responsable y seguro para el crecimiento de los líderes, las empresas y la sociedad.

Líderes que mejoran, organizaciones que crecen.

INTELIGENCIA COLECTIVA AL SERVICIO DEL LÍDER

«Si caminas solo, llegarás más rápido; si caminas acompañado, llegarás más lejos». Este viejo aforismo oriental está más vigente que nunca en la nueva era digital. Frente a los líderes que se «acastillan» en su torre de marfil, los nuevos modelos de liderazgo proponen fórmulas colaborativas que estimulen un ecosistema de compañeros de viaje que aporten un camino más sostenible en el tiempo. Es el territorio del talento.

El emprendedor es un caminante veloz. Viaja solo por el hiperespacio de sus ideas disruptivas. Camina solo para llegar antes que nadie a su paraíso idealizado. Con esta metodología ninguna empresa tradicional puede competir contra la efervescencia juvenil de las ideas y sus idealistas. Es la gran ventaja del emprendimiento *startup*.

El directivo de empresa, en cambio, sabe que los esfuerzos hay que medirlos en carreras de medio fondo. Más que señalarse metas que batir, se trata de construir territorios que abanderar. En ese papel de general de ejércitos en movimiento es donde la organización, los equipos, la delegación y la inteligencia colectiva entran en escena.

El cuartel general tiene un líder, pero todos los altos mandos tienen una voz autorizada que aportar en los frentes de batalla que lideran cada uno: tecnología, personas, innovación, batalla comercial, comunicación…

Sin embargo, no hay que confundir *liderar* con *gestionar*. Las estructuras directivas verticales sirven para gestionar. Las estructuras de inteligencia colectiva son horizontales y aportan valor grupal al liderazgo.

El líder no es un ave solitaria que habita riscos inexpugnables; el nuevo líder es aquel que dedica tiempo a estimular a un grupo reducido y selecto de los que beber el talento. De este néctar se nutre un líder en la *talentocracia*. La inteligencia colectiva es más potente que la inteligencia del más afamado premio Nobel, pero hay que dedicarle tiempo a su construcción y mantenimiento.

Las redes neuronales de la empresa están en aquellos equipos alfa que el líder sea capaz de construir en derredor suyo. Algunos estarán dentro de la compañía, mientras que otros estarán fuera complementando al líder en su visión, su estrategia y su capacidad de innovación. Todo suma. Pero si quieres llegar lejos, no seas un llanero solitario.

VUELVEN LOS MASTERMIND

a teoría del ciclo es universal. Se aplica al análisis económico, la moda y también al *management*. La formuló hace más de tres mil años un tal José cuando explicó a su faraón el significado bíblico de las vacas flacas.

En esta vuelta del tiovivo, regresa al centro del liderazgo el modelo de los *grupos mastermind* (grupo de mentes maestras) que propusiera Andrew Carnegie, aquel escocés que vivió el sueño americano gracias a los cincuenta hombres que aglutinó en su particular grupo *mastermind* y a los que atribuyó su historia de éxito empresarial y su inmensa fortuna acumulada.

El principio es muy similar al de los grupos de alcohólicos anónimos en su peculiar modo de abrir mentes y corazones, así como de protegerse y apoyarse mutuamente. Un modelo de éxito basado en pequeñas plataformas, como los círculos de confianza promovidos para empresarios o emprendedores por distintas instituciones, como Foro ECOFIN, la Escuela de Liderazgo Emocional o la Fundación Woman's Week.

Los grupos *mastermind* parten de la base de que cada persona acumula una gran experiencia y conocimientos en su vida (consejo de ancianos), a la vez que estos aprendizajes son transversales a todos los sectores de actividad (decisiones comunes en circunstancias distintas). Y a ello sumamos el crecimiento personal aportado por la intuición, el mundo interior y cierta sabiduría experiencial.

Cuando se reúnen varios cerebros coordinados en un espacio armónico –que favorece la confianza y la apertura de mentes–, aparece el milagro de la luz. Es como si conectáramos en serie varias baterías para acumular suficiente potencia que permita iluminar una bombilla. Por separado, estos acumuladores no tendrían suficientes vatios para hacer incandescente la bombilla, pero todos ellos sumados generan ideas brillantes para el bien de todos.

Los modelos propuestos por Foro ECOFIN y otras consultoras internacionales cambian en la organización de los grupos *mastermind*, pero todos buscan la diversidad de miembros, un líder del grupo, reuniones de alto impacto y enriquecimiento simbiótico para todos los presentes.

Por si alguien llegó tarde, los *mastermind* son todo lo opuesto a lo que Miguel Unamuno sentenció así: «*Las juntas, las comisiones, los comités y las asambleas son como las putas, que joden mucho, conciben poco y no paren nada*». Busque a su líder y cree su grupo *mastermind*. ¡Saldrá ganando!

EL CÍRCULO SIMBIÓTICO

Es lo último en la gestión del liderazgo: aprender de tus iguales, mentorizar a tus pares, beneficiarte del consejo de quienes no pueden parasitarte, crecer regando a quienes crecen a tu lado. Todo esto son sombras poéticas que esconden una luz de verdad que actualmente crece en los entornos del *management* práctico. Se trata de crear pequeños círculos de confianza entre iguales para generar ese *mentoring* simbiótico donde unos se ayudan a otros con su consejo, contactos, apoyo y sinergias de negocio. No se trata de fabricar conjuras judeo-masónicas, sino grupos de autoayuda que, a semejanza de otros validados durante décadas, pueden trasladar su caso de éxito al liderazgo empresarial.

Sí, amigos. Estos círculos de empresarios y directores generales imitan grupos de autoayuda como los exitosos Alcohólicos Anónimos. Las experiencias se comparten, los consejos vienen sin ofertas de servicio adheridas y tu hermano mayor puede auxiliarte en momentos extremos en los que el desánimo se apodera del alto directivo en su almenara de soledad. ¡Y funcionan!

Varias firmas norteamericanas han comenzado sus semilleros en Madrid y otras plazas de la vieja Europa. Los clubs rotarios se han quedado anticuados y las *business schools* puestas en entredicho. Hay formas de hacer más propias del siglo XXI, el siglo de las emociones, lo social y el talento. La razón práctica mató a la razón teórica en el ocaso del siglo XX pero la inteligencia emocional alumbra ya un nuevo siglo basado en el talento compartido a través del *mentoring* simbiótico.

La esfera es el símbolo de la perfección geométrica. El círculo es la esfera trasladada a un eje cartesiano de dos dimensiones. La tabla redonda del rey Arturo simbolizaba a un líder rodeado de pares, con iguales derechos, oportunidades, capacidades y vinculación. Ahora los nuevos líderes empresariales orientados a un éxito más creativo, emocional y flexible están generando un modelo de organización supraempresarial que no tiene nada que ver ni con la formación tradicional de las escuelas de negocio basadas en el análisis de éxitos distantes, ni de la constitución de viejas asociaciones sectoriales o profesionales jerárquicas que solo potencian al líder de la manada.

El círculo simbiótico es una nueva formulación para el liderazgo que suma formación emocional, *coaching* y *mentoring* simbiótico. Como diría Daniel Goleman, «*la inteligencia interpersonal consiste en la capacidad de comprender a los demás: cuáles son las cosas que más les motivan, cómo trabajan y la mejor forma de cooperar con ellos*».

En la cooperación dentro de estos círculos de confianza es donde renace el nuevo líder que triunfa en Estados Unidos y ahora está aterrizando en Europa, y donde iniciativas locales también aportan nuevas revisiones del modelo americano. Creemos nuestro círculo. ¡Podemos!

RECOMENDACIONES FINALES

Haz nacer el líder que llevas dentro

En cada uno de nosotros hay algo en lo que podemos guiar a los demás. Todos somos líderes. ¿A ti qué te lo impide? La principal razón para oponerse al nuevo paradigma de la *talentocracia*, el liderazgo del siglo XXI, para resistirse al cambio, es la pérdida de poder. Pero el poder solo es alimento para tu miedo. Estas son algunas propuestas para superarlo:

- El liderazgo llega con el trabajo que hago con mis miedos. Liderar es cuidar de mis debilidades y no encargárselo a los demás: a un jefe, a una pareja o a un familiar. Liderar es expresar mis sentimientos y mis necesidades.

- Liderar es tener la valentía de mirar las cosas sin juicios y ponerme en el lugar del otro. Los juicios son *fast food* para que el ego se sienta importante. Lo que lidera es la aceptación del otro tal como es.

- Liderar es dejar de exigir. La exigencia es lo contrario a la libertad. Cuanto más me importa una cosa en otra persona, en un equipo u organización, más importante es que no lo exija. Exijo cada vez que no dejo otra opción al otro.

- Liderar es dejar de hacer cosas para demostrar mi valía. Cuanto más hago para valer, más refuerzo que no valgo. Valgo por el mero hecho de existir. Cuando acepto que no hay nada que hacer, libero a los demás de tener que darme el valor que no me doy.

- Liderar es dejar de valorar a los demás. ¿Quién soy yo para decir si alguien vale o no? Cuando valoro a alguien, estoy reforzando la idea de que no vale. Como yo, vale por el simple hecho de existir.

- Liderar es aceptar. Cuando hay aceptación, hay una sonrisa dentro de mí. Cuando no acepto algo, es porque no estoy conectado con mi ser verdadero.

- Liderar es aceptarse, valorarse y amarse a uno mismo, de manera incondicional, con sus juicios y miedos, por lo que es. No hay liderazgo sin amor incondicional. Cada vez que vemos algo como un ataque, abandonamos esa valoración incondicional.

- Liderar es no tener miedo a quedarse solo en medio del desierto, escapar de la seguridad del condicionamiento social. La fuente de seguridad nunca puede estar fuera. Está dentro de nosotros. Es lo que da sentido a tu vida, tu propósito, tu misión. Liderar es aceptar vivir la incertidumbre de la vida.

- Liderar es no tener miedo a equivocarse. Cuando se vive con miedo a equivocarse, uno se equivoca porque no está realmente viviendo. Liderar es intentarlo. El secreto de la vida es atreverse.

En definitiva, el liderazgo interior es confiar y dejar de controlar. De eso va la vida. ¡Muéstralo!

Píldoras para liderar

Consejos emitidos en el programa Emprende (TVE) por los autores:

- *La vida es soñar despierto*. En un sueño nació el algoritmo de Google y la tabla periódica. Así que no tengas miedo a soñar sin límites. Eso sí, que la inspiración nocturna te pille con papel y lápiz para atrapar tus sueños y activarlos en la vigilia. Mi consejo es este: No tengas miedo, sueña y conviértete en un *líder atrapa-sueños*.

- *Creo que ya lo sabías*: los líderes autoritarios están en peligro de extinción. Hoy triunfa el líder transformador. Se conoce a sí mismo, con sus virtudes y sus defectos, y es capaz de emocionar y comprometer a las personas que le rodean en un proyecto común (¡compartido!) Mi consejo es: *emociónate con lo que haces* y arrastra con tu emoción.

- *El líder S.A.N.O. tiene cuatro ingredientes*: La S para que sonrías. La A para ayudar, ofrecernos. La N que «neuronaliza» lo que nos pasa, como los *Men in black* que borraban los miedos a los extraterrestres. Y la O es de objetivar, pensar antes de actuar. Por ello: Sonríe, Agradece, piensa (N) en positivo y marca Objetivos claros. *¡Sé líder S.A.N.O.!*

- *Escucha concentrado en el que entreabre su corazón por unos segundos*. Si te paras a pensarlo, la mayor parte de las decisiones que has tomado en las últimas cuarenta y ocho horas se han regido por tus prisas: antes de escuchar la pregunta, ya dimos la contestación mentalmente. Serénate, escucha, piensa y entonces, solo entonces: decide.

- *El líder que escucha a su taxista acierta más que nadie.* En momentos de incertidumbre, la opinión objetiva de un desconocido te puede hacer ver una realidad nueva. Muchos políticos y empresarios tomaron grandes decisiones influidos por el comentario de su barbero o limpiabotas. Yo aconsejo: *escucha a tu taxista.*

- *«Mira más allá de lo que ves».* Se lo decía Rafiki a Simba en el Rey León. Aplica el consejo del «mandril-coach» a tu vida. Porque somos diamantes en bruto y el trabajo del líder emocional no es solo alcanzar objetivos gestionando recursos, sino implicar a las personas en el camino.

- *Escondida tras cada persona hay una semilla.* Si la cuidamos, si la regamos con una sonrisa, si la abonamos con nuestra colaboración… aquella semilla se convertirá en un frondoso roble que nos ayudará a nosotros, a nuestro equipo, a nuestra empresa. *Riega la semilla* de aquellos que te rodean porque todos daremos más fruto así.

- *El siglo de la razón ha muerto.* Vivimos en el siglo de las emociones. Tenemos que crear un modelo racional pero vestido de una estrategia emocional. Esa es la visión del líder. Hay que mirar lejos. Inventemos escenarios futuros y pensemos cómo llegar a esa idea soñada. *¡Emociónate con la meta!*

- *¿Eres de los que corren o de los que se paran a escuchar las olas?* Nos enseñaron que si dejas de pedalear, te caes de la bici. Ese pedaleo te hace estar en el mar cuando llega la ola del cambio, porque la inspiración te pilla trabajando. Pero para ver venir la ola hay que estar en silencio. Escucha al cliente o al socio, *¡escucha la ola!*

LA TALENTOCRACIA VISTA POR OTROS AUTORES

En plena era del talento: ¿por qué nadie se rodea de personas mejores que uno mismo? ¿por qué no se atrae ni se retiene a los jóvenes? ¿por qué se prescinde del talento y la experiencia de los mayores de cincuenta años? Son enfoques tratados, pero que seguirán siendo objeto de debate indefinidamente mientras el talento no deje de ser una moda pasajera para convertirse en una realidad necesaria.

PILAR GÓMEZ ACEBO
Consejera de empresas y formadora en escuelas de negocio

No debemos confundir el *talento* con la *actitud*. Debemos saber que el talento es el desarrollo sistemático de un conjunto de habilidades o capacidades especiales que, desde nuestra etapa infantil, se van cultivando por razones ajenas a nuestra formación y a nuestro conocimiento. El talento es un don que se te otorga con el fin de ponerlo en valor. La actitud es la predisposición de esa persona a desarrollar y poner en valor ese talento, resaltando las verdaderas cualidades útiles de ese don y sacando lo mejor de él.

Lo más importante para tener una trayectoria profesional exitosa es la simbiosis entre talento y actitud, potenciando el talento con una gran actitud, ya que un talento, si no es entrenado y desarrollado con una actitud ganadora, será lo mismo que no poseer nada.

Como decía Stephen King: «El talento es un cuchillo sin filo que no cortará nada a menos que se maneje con gran fuerza».

Juan Verde
Asesor en comunicación de Barack Obama

He conocido personas inteligentes de todas las edades. Con talento y con más de treinta años. Y con sabiduría ya en la madurez. Ordeno inteligencia, talento y sabiduría de más a menos según su carácter innato y el número de horas de trabajo y dedicación que requieren. Las personas inteligentes nacen con ese don. Quienes tienen talento, también deben trabajar duro para sacarle provecho, para desarrollarlo, para aplicarlo.

El talento sin acción, se esfuma. Y más cuanto más rápido progresa el mundo, cuando el ritmo al que se transforman las organizaciones empresariales, las ciudades, las relaciones personales y profesionales, comienza a ser exponencial.

En la segunda mitad del tablero de ajedrez de la evolución tecnológica en la que ya estamos, el talento es un concepto mucho más flexible, más adaptable, más diverso, pero con un denominador común: horas de trabajo. Pero no solo. Es imprescindible tener los sentidos bien abiertos y observar, analizar, estudiar las historias de éxito. No valen las reglas fijas.

David Cano
Socio de AFI y profesor de la Escuela de Finanzas Aplicadas

Pocas personas son conscientes de lo alto que pueden llegar con ilusión y una actitud ganadora. Hay personas que pretenden hacer de este talento el fin, mientras que el talento debe comprenderse como el medio. Como dijo Daniel Goleman: «Es la combinación entre el talento razonable y la capacidad de perseverar ante el fracaso lo que nos conduce al éxito».

Si el talento no se hace realidad se vuelve invisible. Debemos comprender que este talento no se desarrolla por gloria divina, sino que un talento conlleva el compromiso de poner en marcha una serie de prácticas para alcanzar el éxito, ya que, como diría Honoré de Balzac: «No existe un gran talento sin gran voluntad».

Ray Cazorla
CEO y Fundador de la HAC Business School
and University de New York

La gestión del talento es el factor clave por el que pelean las empresas en la nueva era digital. Mientras se debate sobre robótica y la incidencia de esta en el trabajo, las empresas afinan cada vez más sus políticas para captar y retener el talento. ¿Es una contradicción?

Efectivamente parece una contradicción, pero no lo es. Las máquinas, los robots, serán iguales para todas las empresas; todas podrán contar con precisas e inagotables máquinas para ejecutar sus tareas y procesos. Pero, ¿qué empresa quiere ser exactamente igual que la competencia en un mercado cada vez más exigente y especializado? ¿Quién quiere renunciar a tener ventajas competitivas? Esto justifica la inversión en gestionar talento de las empresas, la búsqueda de singularidades, capacidades y competencias capaces de crear valor para el cliente.

Por tanto, el talento, la búsqueda y gestión del mismo, tiene su máxima expresión, su máximo valor para la empresa, en esta nueva era digital que apenas estamos comenzando.

Francisco M. Santos
Gerente de Escuela de Negocios y Dirección (ENyD)

El talento no es el fin, sino el medio para aspirar a una sociedad más justa e igualitaria, aceptando el mérito y el talento como una moneda de cambio que no discrimina por razón de género, edad, diversidad, discapacidad, cultura, religión o raza.

La *talentocracia* nos propone un nuevo universo más feliz, donde las personas dejen de ser recursos, donde hombres y mujeres seremos colaboradores necesarios del éxito de las organizaciones, públicas y privadas, con o sin ánimo de lucro.

El talento son los nuevos doblones de oro del tráfico mercantil que universalizará una cultura de justicia más espiritual que nunca, más humana y más cercana al alma de valores, principios y derechos humanos.

Bienvenido sea este nuevo paradigma de la libertad humana. Bienvenido sea este nuevo estatus que se valora y valida desde las personas hacia las personas, porque esta nueva sociedad digital nos necesita. Es un síntoma de madurez del mundo global que habitamos. Una oportunidad de crecimiento humano para personas, empresas, mercados, organizaciones y países.

¿*Talentocracia*? Sí, gracias. Vamos a dejarla crecer…

CARMEN MARÍA GARCÍA
Presidenta de la Fundación Woman's Week

Salvador Molina y Eduardo Toledo siempre nos sorprenden en la búsqueda de nuevas ideas, conceptos y fundamentos que nos llevan continuamente a reflexionar de cara a poder gestionar cada día mejor y más eficientemente.

En esta ocasión nos descubren otro apasionante concepto como es la *talentocracia*, que nos aporta nuevas y apasionantes visiones del liderazgo en la nueva era digital.

Talante, talento…, tanto uno como el otro son valores de mi gran amigo Salvador y es por ello que él se ha convertido en un líder «felicaz» de esta etapa en la que nos ha tocado vivir.

Juan Carlos Maestro
Autor y creador del concepto «felicacia»

¡Talentocracia! Un compendio de veterana sabiduría, maestría y claridad de ideas... Una prescripción para liderar con la razón y el corazón... Un soporte emocional para acercar el Yo real al Yo ideal... Sabios consejos emocionales para la gestión de los recursos humanos.

Una iniciativa que nos adentra en la importancia de cultivar los talentos y el talante, alimento del ser y crecer en el hacer, como forma de preservar una higiene mental de vida.

Su lectura nos proporciona la receta para construir un liderazgo de vida en el que se colmen nuestras necesidades, expectativas y anhelos. Nos descubre la importancia de una actitud voluntariosa, disciplinada y comprometida para hacer «consciente lo inconsciente» y poner el deseo en acción, aquello que uno ambiciona desde la libertad interior de elección.

Talentocracia es la apuesta de futuro para nutrir a la persona de valía, respeto y admiración a la hora de materializar en el exterior lo escrito en un cuaderno llamado «Deseos de vida para hoy».

Elsa Martí Barceló
Directora de la Escuela de Liderazgo Emocional (ele)

Hoy las organizaciones se aplanan y el liderazgo es transversal. Hacen falta profesionales capaces de asumir responsabilidades con criterio e independencia, de generar proyectos y organizar equipos, donde la colaboración no diluya la responsabilidad personal, que puedan adaptarse a un mundo incierto y cambiante; ahí está la innovación.

La innovación es creatividad aplicada que aporta valor. Tiene un mundo operacional y otro creativo, y tiene que ver con el arte. Los artistas son emprendedores, proactivos, independientes, ambiciosos, que tienen curiosidad, que experimentan y generan emociones.

La creatividad no existe aisladamente, surge de la confluencia y colaboración de muchos. Es contagiosa, necesita un entorno nutritivo, un mecenas, un promotor... Al hablar de creatividad es inevitable hablar de fracasos, que son la antesala del éxito.

En el mundo operacional, de la eficacia, toma protagonismo la tecnología, que debe ser nuestro aliado y no nuestro enemigo, alejándonos de la relación personal, que tan importante es para crear, atraer y retener talento.

Pero el talento no basta solo, hace falta voluntad, resistencia, formación y experiencia. Hace poco, un anciano ingeniero, al recoger el premio a su extraordinaria trayectoria profesional, leía despacio una frase que es bueno recordar a menudo: «En estos tiempos en que el dinero parece lo único importante, no podemos olvidar el valor del trabajo bien hecho y el respeto a las personas».

JOSÉ ANTONIO GRANERO
Arquitecto y ex presidente del
Colegio de Arquitectos de Madrid (COAM)

El talento es el diferencial entre humanos y maquinas. La digitalización transforma nuestro modo de vivir, de trabajar, de relacionarnos. Y cambia también el modo en el que se ejerce el liderazgo. Sabemos desde hace tiempo que la tecnología, no es solo una herramienta que utilizamos, como en las anteriores revoluciones industriales, sino una realidad que interactúa simbióticamente con nosotros, modificando a quien la utiliza.

La pregunta no es ya qué podemos hacer con la tecnología, sino qué hace la tecnología con nosotros. Como ha destacado recientemente *The Economist*, las interfaces cerebro-ordenador pueden cambiar lo que significa ser humano. Debajo del cráneo se encuentra la próxima frontera tecnológica.

Es hora de indagar sobre el rol que nos corresponde como humanos en este proceso, y específicamente cómo liderar a personas con las que tenemos un vínculo diferente a los que han aglutinado a sociedades y a organizaciones en el pasado.

Salvador Molina y Eduardo Toledo han asumido con gran acierto esta reflexión. Leyendo sus propuestas, me vienen a la cabeza algunas reflexiones:

1. La digitalización es imparable. Todo lo que pueda ser automatizado será automatizado en el momento mismo en que los costes de una solución tecnológica sean más bajos que los de esa tarea realizada por un operador humano. Este avance no puede ser abordado desde la nostalgia de tiempos pasados, ni mucho menos desde una resistencia estéril ante cambios que se impondrán por su propio peso.

2. La digitalización no ha hecho más que empezar. El impacto que produce sobre nuestro modo de pensar y de trabajar tiene todavía un largo recorrido. Tiempos nuevos requieren estilos de liderazgo nuevos.

3. La creciente irrupción de la tecnología en entornos profesionales es una oportunidad para los seres humanos, no una amenaza. Tareas que han sido realizadas tradicionalmente por personas pasarán a ser ejecutadas por sistemas automatizados. En ese momento descubriremos cuál es nuestra ventaja competitiva, de qué manera un hombre o una mujer

aportan realmente valor como individuos de la especie humana. Dejaremos de dedicarnos a tareas en las que podemos ser reemplazados con ventaja y nos focalizaremos en aquellas en las que aportemos algo diferencial. Por ejemplo, las máquinas nos superarán en la transmisión de conocimientos instrumentales pero no podrán competir con nosotros en la definición de objetivos y en la configuración de nuestros valores. Dejemos los medios para las máquinas y ocupémonos de los fines. Liderar (cada uno en su ámbito y a su nivel) es la reacción más inteligente ante la ola de la digitalización.

Estoy seguro de que la lectura de estas páginas será para ti, amigo lector, tan estimulante como lo ha sido para mí. Te deseo lo mejor en este viaje.

José Aguilar López
Socio Director de Mindvalue

El alma del talento en la era tecnológica. El contexto económico, social, tecnológico y humano ha variado hasta el punto de requerir nuevos paradigmas, nuevos modelos económicos y vitales que basculen de la abundancia a la incertidumbre sin merma en la calidad de vida, con mayor responsabilidad y compromiso.

La gestión del talento es necesaria, imprescindible, si queremos sobrevivir al entorno VUCA. Las estrategias de atracción, desarrollo y fidelización de talento han de saber moverse en la incertidumbre, a partir de un liderazgo que aporte certezas y seguridad en entornos volátiles, inciertos, complejos y ambiguos (VUCA), aprendiendo a gestionar las expectativas de las personas que forman el entorno de la empresa, tanto en el ámbito interno, como externo (empleados, propietarios, proveedores, clientes, accionistas, sociedad…)

Pero esto se torna aún más difícil si tenemos en cuenta el talento diverso que convive –y seguirá haciéndolo en el futuro todavía con más fuerza– en nuestras organizaciones: diversidad generacional, de género, multicultural. Actualmente ya forman esta mixtura empresarial representantes de los *baby boomers*, de la Generación X, los *millennials* y los *centennials* y en algunos años le daremos la bienvenida a la Generación Alpha. Todo ello requiere de unas estrategias muy claras de gestión de talento que atraiga, y sobre todo fidelice al talento de nuestra empresa a través del conocimiento de los perfiles y la satisfacción de sus necesidades. No se pretende juzgar la bondad de unas herramientas de gestión del talento frente a otras, o de los valores de una generación frente a las demás, pero es innegable que no podemos seguir utilizando los mismos paradigmas de liderazgo y gestión del talento que hemos usado hasta ahora, pues la realidad es diferente, los perfiles son diferentes y sus necesidades también. Hemos de utilizar herramientas de motivación, compromiso y *engagement* totalmente diferentes. De lo contrario, la fuga del talento más joven, del talento digital, será imparable.

Tampoco hemos de olvidar que otra necesidad de gestionar el talento surge de la nueva era en la que la transformación tecnológica ha llegado para quedarse. Es necesario diseñar unas nuevas políticas que tengan en cuenta la creación, a través del *coaching*, de una cultura favorecedora de la transformación, de la innovación, que desarrolle las competencias digitales, que contemple nuevas herramientas de aprendizaje, como el *mentoring reverse*, y de gestión del talento, pues cada vez más, los equipos son virtuales, o lo que es lo mismo, geodispersos, efímeros, diversos, multidisciplinares y no jerarquizados.

El liderazgo tendrá que abordar los procesos de transformación y sus consecuencias, mientras la gestión del talento se encargará de diseñar e implementar las acciones y los procedimientos que permitirán alcanzar la máxima potencialidad del talento de los equipos, en las condiciones que se describen y buscando siempre luchar contra el peligro de la desafección emocional que acecha a los equipos virtuales a través de una excelente comunicación, del reconocimiento, el afecto, la gestión emocional, el orgullo de pertenencia, el poner el foco en las personas, la colaboración, las políticas de satisfacción, de felicidad en el trabajo, etc. Saber qué quieren, qué motiva a las nuevas generaciones, combinarlo con lo que necesitan las anteriores a través de la confección de trajes a medida, y a la vez fomentar las relaciones y la calidez humana en los equipos, será el difícil ejercicio de equilibrio que tendrá que realizar la gestión del talento en esta nueva era tecnológica.

Ofelia Santiago
Coach de líderes empresariales y políticos,
experta en el «alma de las empresas»

Capital-humanismo y *growth management*. Las nuevas realidades exigen de nuevos paradigmas que contribuyan con referencias de éxito orientadas a dirigir nuestros pasos sobre seguro. Esto al fin y al cabo es lo que han aportado y aportan al *management* los necesarios modelos que, fruto de la investigación y el estudio, se van desarrollando al objeto de ayudar a las empresas a generar un mayor y mejor crecimiento.

Pero en general crecer no debería ser un fin en sí mismo, sino el resultado de un modo de entender y de hacer empresa desde un sentido profundo que de como logro la generación de un mayor valor tanto económico como social. El equilibrio es vital para la vida, y también para la vida de cualquier sistema u organización que aspire a crecer de un modo armónico, saludable, competitivo, sólido y sostenible.

Tanto las consecuencias de la crisis global como el análisis de sus causas, afortunadamente cada vez más está llevando a personas y a organizaciones a desarrollar un pensamiento en línea con el capital-humanismo desde el que trato de impulsar entre los líderes de múltiples países del mundo la necesidad de alcanzar este equilibrio desde donde crecer más inteligente y responsablemente poniendo en el centro a las personas.

Crecer entonces es la consecuencia de aplicar visión, criterio y pasión para ser capaces de transformar con sentido, consciencia y responsabilidad, el máximo talento individual en alta competencia colectiva, algo que el *growth management* que desarrollo pone en manos de los líderes.

El propio concepto del crecimiento, así entendido, debería llevar a preguntarse a los líderes, no tanto por estrategias para crecer para ganar músculo o estructura desde donde ser más competitivos, como por estrategias orientadas a la mejora de la competencia de las personas cuyo resultado es siempre un aumento significativo de la competitividad, la reputación, el valor y la sostenibilidad de la empresa en el mercado. El crecimiento hoy en día no tiene que ver con el tamaño o la fuerza, sino con la velocidad y la flexibilidad desde las que las personas se adaptan y crecen permanentemente en el entorno, algo que explico desde la psicomotricidad organizacional.

En un entorno altamente dinámico, ¡oceánico!, el crecimiento empresarial y social depende más que nunca del crecimiento personal, algo que solo es posible desde un liderazgo eficazmente orientado a las personas. En este sentido, son los líderes los que deben facilitar en ellas el cambio necesario para adaptarse estratégicamente al nuevo entorno y ser capaces de evolucionar inteligentemente en él, obteniendo de este modo una gran ventaja competitiva y un aporte eficaz y responsable de valor.

Salvador Molina y Eduardo Toledo, una vez más recogen en este libro lecciones magistrales, excelentes consejos y magníficas orientaciones, a partir del concepto de *talentocracia* que desarrolla, desde el cual estoy convencido que todo líder se verá inspirado a poner en valor definitivamente todo su potencial al servicio de las personas para alcanzar sus más altos resultados. Esta obra facilita al lector la construcción de una visión profunda y estimulante desde la cual pasar a la acción, con criterio y con pasión, para lograr que personas y organizaciones crezcan en toda su dimensión dando una respuesta eficaz a lo que la sociedad necesita y merece. Como reza el mantra del *growth management*: «Personas que cambian, organizaciones que crecen», sería un buen acicate sobre el que liderar.

IGNACIO BERNABÉ
Founder & President of The Growth Management®
Science Company

El futuro es de las personas. Al empezar la lectura de *Talentocracia* de Salvador Molina y Eduardo Toledo me encontré con esta frase: «El futuro es de las personas. El presente se construye desde la tecnología». No puedo estar más de acuerdo. Pensé: ¡El libro promete! Al continuar leyendo encontré ideas que todos deberíamos tener bien. La primera es poner a nuestros trabajadores como los primeros clientes, un cliente exigente y que cada vez quiere saber más de la empresa donde trabaja. Si este primer punto se tiene claro, deberá ir acompañado de un cambio total en las organizaciones. Deben ser capaces de crecer de una manera sostenible, de adaptarse a un cambio continuo. Son organizaciones inteligentes que aprenden e innovan constantemente y, sobre todo, son felices y eficaces.

Estas nuevas organizaciones exigen nuevos líderes, líderes transformadores que piensen más en personas que no en recursos humanos, en motivación más que en recompensa y en equipos más que en jerarquías. Hace unos días publiqué un artículo hablando del directivo 5.0, el directivo del Renacimiento que está totalmente alineado con estas ideas.

La lectura me ha llevado a reflexionar sobre cómo compensaremos a los trabajadores. *Talentocracia* nos dice de manera acertada que el nuevo paradigma para influir en las personas, no son los premios ni los castigos, sino prácticas que den autonomía, que establezcan un compromiso o vínculo emocional y que faciliten un propósito transformador que sirva de guía.

Siguiendo con estas premisas, creo que el modelo de compensación del futuro es la «experiencia empleado». Para mí es clave en las organizaciones de futuro, sobre todo si la entendemos como «el conjunto de acciones, individuales y colectivas, definidas por una organización, de manera transparente y sincera, para contar con los mejores en sus puestos y alinearlos con los objetivos estratégicos de la organización». ¿Y cómo se lleva esta definición a la práctica? Así:

- Trabajar el orgullo de pertenencia a la empresa. Para eso, hay que enfocar el *employer branding*, no como reclamo a la hora de contratar, sino con principios reales que se aplican en el día a día. Este aspecto puede complementarse con el *employee branding*: poner en valor la imagen de los profesionales de la empresa desde una perspectiva de los valores que aportan a la organización. Esto repercutirá en la capacidad de atracción de la empresa.
- Diseñar una Propuesta de Valor para cada Empleado (PVE). Debe tenerse en cuenta que la PVE no solo debe enfocarse de manera individualizada, de forma que se ofrezca un entorno de realización profesional y un ambiente de trabajo a la medida de cada uno. La individualización está muy bien, pero no tenemos que perder de vista el equipo, mirar el conjunto. La compañía debe velar para mantener un equilibrio, una equidad entre las diferentes preferencias individuales. Diseñar una propuesta de valor como conjunto será uno de los retos de las organizaciones en los próximos años.

- Tener clara cuál será la respuesta de la compañía ante los momentos que importan a los empleados es muy significativo en su vinculación con la empresa. Es la renovación del contrato psicológico llevado a nuevas dimensiones.

- Analizar y definir los aspectos clave en la «salud» de la organización en términos de gestión de las personas, estableciendo una serie de métricas que permitan identificar y medir una serie de indicadores clave para no desviarnos de los objetivos fijados.

En conclusión, con las nuevas organizaciones y líderes definidos en *Talentocracia*, los modelos de compensación que conocemos están totalmente obsoletos. Solo siendo valientes e innovadores en estos temas nos aseguraremos poder contar con las personas idóneas para nuestra compañía.

Josep Capell

Experto en Recursos Humanos y socio-fundador de CEINSA

Talentocracia, el liderazgo de las personas. Cuando el tren llegó a las ciudades, a nuestras vidas, la gente pensaba que la nueva velocidad de treinta kilómetros por hora haría explotar nuestros cerebros. Nada más lejano de la realidad. Algo parecido está pasando ahora en relación con la llegada de la nueva era digital. Si hay algo que no admite mucha discusión ya hoy es que estamos llegando a una nueva concepción de nuestro mundo, de nuestro entorno profesional y personal, del modo en el que nos relacionamos con los demás y, por lo tanto, de una nueva forma de liderar nuestras realidades sociales y profesionales.

La nueva era digital ha llegado para quedarse, está instalada ya entre nosotros, formando un cóctel en el que se mezclan la híper-movilidad, el don de la ubicuidad, el acrecentamiento de la oferta, la des-intermediación, la inteligencia artificial, la robótica, el Internet de las cosas, el auto-aprendizaje computacional, el *big data…* y una larga la lista de novedades tecnológicas.

La forma en la que trabajaremos y nos relacionaremos ya no será igual. Las habilidades que necesitaremos para dirigir y liderar equipos y procesos en las organizaciones serán dramáticamente diferentes. La nueva normalidad ha llegado para quedarse.

Vivimos un momento apasionante, en el que la inmediatez y el cambio exponencial son el nuevo paradigma social. Pero con todo ello, lo más importante, en mi modesta opinión, es comprender que el verdadero cambio no es digital. O al menos, no es sólo digital. Se trata de una ¡TRANSFORMACIÓN CULTURAL!

El futuro no va a ocurrir sin nosotros; el futuro está siendo construido por nosotros y para nosotros: LAS PERSONAS.

Liderar es conversar, eso no va a cambiar. El modo de hacerlo, quizás…

Liderar es imaginar, eso no va a cambiar. El modo de hacerlo, quizás…

Liderar es inspirar, eso no va a cambiar. El modo de hacerlo, quizás…

Liderar es elegir, decidir, eso no va a cambiar. El modo de hacerlo, quizás…

Liderar es educar, eso no va a cambiar. El modo de hacerlo, quizás…

Liderar es hacer que suceda. Eso no va a cambiar. El modo de hacerlo, quizás…

El modo de hacerlo quizás cambie, pero la persona seguirá siendo el centro de todo.

Fernando Botella

Responsable de escuelas de liderazgo de firmas como Desigual, Red Eléctrica o Tempe (Inditex)

En un mundo digitalizado, en el que se corre el riesgo de perder la humanidad y el humanismo, se hace más necesario que nunca contar con líderes dotados de verdadero talento, capaces de dirigir las nuevas sociedades de la era digital dando prioridad a la justicia, la libertad y la seguridad. Para ello, los dirigentes precisan de una formación específica, amplia y permanente. Este libro, original y novedoso, les ayudará a abrir los ojos y será una referencia fundamental.

PEDRO BAÑOS
Autor de «Así se domina el mundo» @geoestratego

BIBLIOGRAFÍA

- AGUILAR, J., FERNÁNDEZ-AGUADO, J. *La soledad del directivo*. Lid Editorial, 2010.

- ANDERSON, C. *La economía long tail: De los mercados de masas al triunfo de lo minoritario*. Tendencias editores, 2006.

- BAKKE, D. *The decision maker: unlock the potential of everyone in your organization, one decision at a time*. Pear Press, 2013.

- BERNABÉ, I. *El Gran Equipo*. Lid Editorial, 2011.

- BERZOSA, M. *Youtubers y otras especies: El fenómeno que ha cambiado la manera de entender los contenidos audiovisuales*. Ariel Fundación Telefónica, 2017.

- CAÑIZARES, O., GARCÍA DE LEÁNIZ, C. *Hazte experto en inteligencia emocional*. Desclée de Brouwer, 2015.

- COLL, J.M., FERRÁS. X. *Economía de la felicidad*. Plataforma Editorial, 2017.

- DILTS. R. B. *Nueva generación de emprendedores: vive tus sueños y crea un mundo mejor a través de tu empresa*. El grano de mostaza, 2017.

- DILTS, R. *Cómo cambiar creencias con la PNL*. Sirio, 2004.

- FERNÁNDEZ-AGUADO, J. *Ética a Nicómaco (Aristóteles)*. Lid Editorial, 2009.

- FERNÁNDEZ-AGUADO, J. *El idioma del liderazgo*. Lid Editorial, 2012.

- FERNÁNDEZ-AGUADO, J. *Patologías en las organizaciones*. Lid Editorial, 2008.

- FERRY, L. *La revolución transhumanista: cómo la tecnología y la uberización del mundo van a transformar nuestras vidas*. Alianza editorial, 2017.

- GARCÍA, H., MIRALLES, F. *El método Ikigai*. Aguilar, 2017.

- GARRIGA, J. *La llave de la buena vida*. Destino, 2014.

- GOLEMAN, D. *Inteligencia emocional*. Kairós, 1996.

- GOSWAMI, A. *Quantum economics*. La esfera de los Libros, 2016.

- KEGAN, R., LASKOW LAHEY, L. *An everyone culture: becoming a deliberately developmental organization*. Harvard Business School Publishing, 2016.

- KELLERMAN, B. *The end of leadership*. Harper Collins, 2012.

- KOTLER, P y M. *8 maneras de crecer*. Lid Editorial, 2014.

- LALOUX. F. *Reinventar las organizaciones*. Arpa, 2015.

- LI, C., BERNOFF, J. *El mundo Groundswel. Cómo aprovechar los movimientos espontáneos de la Red*. Empresa Activa, 2008.

- MARTÍ BARCELÓ, E. *Hombres sin afeitar y Mujeres sin maquillar (I y II)*. Editorial Opera Prim, 2013, 2016, 2017.

- MOLINA, S. *Los imprescindibles del management*. ECO-FIN, 2016 y 2018.

- MOLINA, S. *Felicacia o cómo construir organizaciones felices*. Lid Editorial, 2018.

- PÉREZ ORTEGA, A. *Expertología: La ciencia de convertirse en un profesional de referencia*. Alienta, 2011.

- PINK. D. *La sorprendente verdad sobre qué nos motiva*. Gestión 2000, 2010.

- PREUSKSCHAT, A. (Coordinador). *Blockchain: la revolución industrial de Internet*. Gestión 2000, 2017.

- RIFKIN, J. *La sociedad de coste marginal cero. El Internet de las cosas, el procomún colaborativo y el eclipse del capitalismo.* Paidós Estado y Sociedad, 2014.

- ROBERTSON, B. *Holacracia.* Empresa Activa, 2015.

- SALENBACHER, J. *Creative personal branding.* Profit, 2017.

- SENGE. P. *La quinta disciplina: el arte y la práctica de la organización abierta al aprendizaje.* Granica, 2014.

- STALMAN, A. *Brandoffon: El branding del futuro.* Gestión 2000, 2014.

- SUTHERLAND, J. *Scrum, el nuevo y revolucionario modelo organizativo que cambiará tu vida.* Planeta, 2014.

CUADERNO DE CAMPO

Anota aquí todo aquello que te suponga novedad, reto, camino, idea, ayuda. Puedes anotar frases, construir las tuyas e iniciar tu propio viaje interior.

Experto en transformación digital y liderazgo. Es un *thinkmaker* creador de *think tanks*: Foro ECOFIN (Empresa e Innovación Financiera), Madrid Woman's Week (Valores e Igualdad), ProCom (Periodismo 2.0), *Men in Black* (*He for She*), etc. Habla sobre liderazgo cada semana en el diario La Razón y en el programa Emprende de TVE. Es autor de libros como *Los Imprescindibles del Management* (Editorial Ecofin) y *Felicacia* (Lid Editorial). Le encuentras en las redes sociales.

Acumula más de veinte años de experiencia en el periodismo económico y político, así como en la comunicación institucional y corporativa. En el año 2000 comienza un viaje interior para entender las razones más profundas del ser humano a través de disciplinas como la Inteligencia Emocional, la PNL, la Codependencia, la Comunicación No Violenta o el Coaching. Comparte su propósito por lograr personas y organizaciones más conscientes a través de 9brains.es, con metodologías participativas de co-creación de liderazgos y «haz-prendizajes».

www.ingramcontent.com/pod-product-compliance
Lightning Source LLC
Chambersburg PA
CBHW051815150726
47998CB00001B/162